广东商学院学术文库

社会科学解释研究

——规律/规范、原因/理由与社会科学解释

袁继红　著

中国社会科学出版社

图书在版编目（CIP）数据

社会科学解释研究：规律/规范、原因/理由与社会科学解释/袁继红著.—北京：中国社会科学出版社，2009.6

ISBN 978-7-5004-8108-9

Ⅰ.①社… Ⅱ.①袁… Ⅲ.①社会科学—科学哲学—研究 Ⅳ.①C02

中国版本图书馆 CIP 数据核字（2009）第 156106 号

策划编辑 卢小生 （E-mail：georgelu@vip.sina.com）
责任编辑 卢小生
责任校对 刘 娟
封面设计 康道工作室
技术编辑 李 建

出版发行 中国社会科学出版社
社 址 北京鼓楼西大街甲 158 号 邮 编 100720
电 话 010-84029450（邮购）
网 址 http：//www.csspw.cn
经 销 新华书店
印 刷 北京新魏印刷厂 装 订 丰华装订厂
版 次 2009 年 6 月第 1 版 印 次 2009 年 6 月第 1 次印刷
开 本 710×1000 1/16 插 页 2
印 张 12.5 印 数 1-6000 册
字 数 200 千字
定 价 26.00 元

目　录

导论　问题背景及论证思路

一、问题背景

在西方科学史上，今日所谓的科学始于哥白尼革命，这场革命伴随着18世纪欧洲的启蒙运动，形成了所谓的经典科学观。经典科学观基于两个前提：一个是牛顿模式的机械自然观；二是笛卡尔的二元论。

机械自然观将科学界定为对于超越时空、永远正确的普遍自然法则的追寻。亚历山大·柯瓦雷（Alexandre Koyre）将其实质归结为自然的数学化、绝对时空观和机械原子论[①]。既然万物共存于永恒的现在，因此，科学不必区分过去和未来，只需将大自然如同机械对待，找出其普遍化和统一化的规律。于是寻找规律便成为科学的关键任务，规律在科学的解释[②]和预测中运用，科学的优越性正是在解释和预测的确实性中得到体现。

笛卡尔的二元论假定自然与人类、物质与精神、物质世界与社会世界或精神世界之间存在着根本的差异。托马斯·胡克（Thomas Hooke）曾于1663年为皇家学会草拟了一份章程，他为该学会确立的宗旨就是："通过实验手段增益关于自然万物的知识，完善一切手工工艺、制造方法和机械技术，改进各种机器和发明。"强调皇家学会"无涉于神学、形而上学、伦理学、政治学、语法学、修辞学或逻辑学"[③]。这些章程业已体现将科学分化成了自然科学和人文社会科学。进一步比较，在19世纪初，自然科学的性质得到了清晰的界定[④]，后者就不那么明确了。

---

① 参见亚历山大·柯瓦雷《从封闭世界到无限宇宙》，北京大学出版社2003年版。

② 本书所说的"解释"是explanation，学界将explanation译为"说明"或者"解释"，本书取后一种译法。

③ 转引自华勒斯坦等《开放社会科学：重建社会科学报告书》，生活·读书·新知三联书店1997年版，第4页。

④ 同上书，第7页。

总体来看，在整个19世纪，各门学科呈扇形扩散开来，其所秉持的认识论立场互不相同。一端首先是数学，其次是以实验为基础的自然科学（它们按照逐次递降的决定论排序是：物理学、化学、生物学）；另一端则是人文科学，其中哲学地位最高，然后是文学艺术。历史和社会科学介乎于人文科学和自然科学之间。[①] 社会科学[②]的这种居中的不确定性蕴藏了其认识传统的巨大分歧，尤其是面对科学中方法的统一性假设时，关于社会科学的方法和目的的争论，引发了19世纪关于自然科学和人文科学之间是否存在某种本质区别的争论，这些区别成为社会科学哲学的研究主题，例如，研究方法方面的解释与诠释之间的区别；研究领域方面的客体与主体之间的区别，或者自然与文化之间的区别；研究目的方面的技术控制与增长的理解之间的区别。[③] 总之，在方法论上形成了对立的两派：自然主义和反自然主义。自然主义确信社会科学应该仿效成功的自然科学的实证方法，寻找普遍规律；而反自然主义则坚持人文科学的方法——诠释学——才是社会科学的核心方法，寻找普遍规律对于理解人性和人的行动都是无效的。

非常明显，把握自然主义和反自然主义的争论可以围绕一个清晰的主题：社会科学使用与自然科学相同的方法吗？而这一核心问题预示着对自然科学方法的准确辨认。结合经典科学观的第一个预设即机械自然观，自然科学方法中最核心的便是科学解释，故而关于社会科学解释的争论成为自然主义和反自然主义争论的核心，也就成为社会科学哲学的核心主题。

20世纪，自然科学方法的讨论主要由科学哲学提供，最早是逻辑经验主义。逻辑经验主义认为，哲学是对科学语言的逻辑分析，因此，只有符合科学解释模式的解释才是真正的科学解释，这一点对于自然科学和社

① 华勒斯坦等《开放社会科学：重建社会科学报告书》，生活·读书·新知三联书店1997年版，第11页。

② 虽然目前有关“社会科学”的定义比较含混，但是在此需要对本书将要探讨的范围有一定的界定。本书中“社会科学”所指的是与国内的界定基本一致，包括被学术界公认的“社会科学”分支（如社会学、人类学、政治学、经济学、法学、心理学等）以及那些与“社会科学”之间关系比较模糊的学科（如教育学、历史学、考古学等），基本不包括那些明显属于人文学科的分支（如语言学、文学、艺术、哲学等）。

③ 詹姆斯·博曼：《社会科学的新哲学》，李霞等译，上海人民出版社2006年版，第2—3页。

会科学都是应当满足的。由此引发了社会科学哲学研究的语言转向，本书所涉社会科学解释研究正是基于这一背景展开讨论。

在逻辑经验主义的背景下，社会科学解释是解释的一种，对社会科学解释的研究不但涉及社会科学解释的句法、语义和语用，还涉及社会科学解释研究的目的、方法和途径。社会科学中“解释”的用法主要有以下三种：

第一种用法认为，社会科学与自然科学没有本质的不同，社会科学问题可以沿用自然科学的方法解决时，用“explanation”，强调解释是对研究对象的本质、属性和规律的揭示，尽可能避免解释的主观性。

第二种用法主张社会科学和自然科学是迥然不同的，没有前者所谓的解释，只有依赖诠释学方法的理解时，用“interpretation”，以此凸显其主观性。为行文方便，本书将“interpretation”译作“诠释”。

第三种用法处于上述两者之间，认为社会科学与自然科学是不同的，但是社会科学解释还是有的，只是与自然科学解释本质上不同时，也用“explanation”。

这些语用上的分歧表征着哲学家们关于社会科学解释的争论，也显示着相关的哲学立场，采用第一种用法的人大多属于社会科学中的自然主义者（naturalist），采取第二种用法的人则持反自然主义（antinaturalism）观点，采用第三种用法者常见于多元论者（pluralist）中。其中自然主义和反自然主义针锋相对。

在关于社会科学的理论脉络中，自然主义分为本体论的自然主义和方法论的自然主义。本体论的自然主义认为，人类行为的属性都可还原为生物学或心理学，甚至物理学属性，故而社会科学和自然科学并没有本质上的不同。而方法论的自然主义认为，自然科学的方法论和社会科学的方法论在基本的理论推理原则上并无差别，社会科学与自然科学之间的差异只是具体研究对象、研究工具与研究精度的差异。本体论的自然主义受到心灵哲学、生物学哲学中关于随附性（supervinience）的争论影响，从18世纪末到20世纪50年代间在一步步弱化。从20世纪初开始，自然主义多从方法论上论述，逻辑经验主义是主要倡导者，属于英美分析哲学传统。反自然主义阵营的主要干将是诠释学，属于欧陆人文哲学传统。方法论诠释学认为，自然科学是从外说明世界的可证实和可认识的所与，而社会科学则是从内理解世界的精神生命，旨在理解和诠释的诠释学才是社会科学的主要方法论[①]，解释和诠释分别构成自然科学与社会科学各自独特的方法，因此，社会科学不可能也不应当在方法论上效法自然科学，社会科学与自然科学的这一方法论差异无法在一个统一的方法论之内得到弥合。而在海德格尔（M. Heidegger）的基础上，伽达默尔（H. G. Gadamer）完成了哲学诠释学的转向，并且将之发展成为作为理论和实践双重任务的诠释学，在当代科学技术和全球经济一体化对社会进行全面统治而造成人文精神相对而言日益衰退的时候，再次强调古希腊与纯粹科学和技术相区别的实践智慧，试图用实践理性概念来为人文社会科学规定其真正模式。

自19世纪末以来，就整个社会科学领域而言，上述两大主张之间的对立一直延续到今天。在此期间，这两种彼此对立的倾向在不断的论争中磨砺自己的理论武器，但时至今日，虽然难以达成理论共识，这两种倾向间的对立却有了不明朗的局面，不但解释与诠释的互补被认识到，而且它们作为自然科学与社会科学的对立方法也不再合适。20世纪50年代后，随着对逻辑经验主义的全面反驳，形而上学再次进入科学哲学的视野。自然主义也经历了从方法论到本体论的根本转向，巴斯卡（R. Bhaskar）的先验实在论从本体论上试图挽救自然主义的溃败局面，他充分肯定人的能动性，将诠释视为解释活动不可或缺的部分，力主方法论上科学与人文的融合；蒯因（W. Quine）、戴维森也开始关注有关信念与意义之间关系的诠释的证据基础和逻辑形式。

至此，我们对自然主义和反自然主义有了一个大致的轮廓。在现代，反自然主义认为，社会科学不同于自然科学主要从反驳逻辑经验主义的自然主义观点入手，就客观性、解释与诠释的方法论地位、意向性内容与意义的关系等方面和自然主义展开论战，同时社会科学解释的研究预设了对科学解释的清晰认识，故而，围绕这场争论进行讨论的社会科学解释研究不但是社会科学哲学的核心主题，也是科学哲学的一个重要课题。

二、论证思路

在牛顿－史密斯主编的《科学哲学指南》（2006）的“社会科学哲学”一章中指出，无论是自然主义者、多元论者还是反自然主义者都同

① 洪汉鼎：《理解与解释》，东方出版社2001年版，第23页。

意，社会科学与历史和常识共同享有的假定是：社会科学的研究对象是行动、行动的后果及其聚合而成的社会习俗与过程；而且达成的共识是，通过期望（desires）和信念（beliefs）的共同作用来解释行动。[①] 这种解释模式是我们日常生活中的常识，它是社会科学家给出解释的发源地[②]，其简单形式为：

[L]：如果 x 想要 d，并且 x 经深思熟虑后相信 a 是在当时情况下达到期望 d 的方法，那么 x 会采取行动 a。[③]

如果在所有社会科学中，人类行为的解释都诉诸这个模式，那么对自然主义的辩护或反驳就取决于［L］是否起着一个普遍规律（或因果规律）的作用，［L］的解释力是阐明了行动的原因还是给出了一个理由。

具体来说，争论的焦点是：信念、期望与行动之间的关系到底是怎样的？联系它们的是因果关系还是规范性关系？对它们的解释是不是覆盖律解释或者因果解释？

回答这些问题，自然主义者试图避开直接讨论人类的自由意志问题去提出对人类社会行为的合理解释，也就是说，他们承认社会科学中存在规律，获取社会科学知识也一样从寻找规律开始。故而他们坚持信念、期望与行动之间是规律或因果关系，通过信念和期望对行动的解释是因果解释，因为能解释行动的信念和期望是行动的原因。

而反自然主义者坚决反对社会科学中存在规律，认为人类行动不是原因导致的必然结果，价值与意义在社会科学中是不可或缺的，由此产生的社会科学的复杂性和独特性，使得社会科学关于社会现象的研究方法不同于自然科学研究自然现象所采用的方法，应该使用“诠释学”方法，即在“理解”的基础上探求对象意义的方法，而诠释根本无须规律，但是诠释项与被诠释项之间依然存在某种联系，这种联系通常用“规则”或“约定”来表征。

多元论者则认为，社会科学中是存在规律的，但是它们在功能和范围上与自然科学规律可能截然不同。因此，社会科学研究采用的方法既要保

---

① 牛顿－史密斯：《科学哲学指南》，成素梅、殷杰译，上海科技教育出版社 2006 年版，第 545—546 页。

② Rosenberg A.. *Philosophy of Social Science*［M］. Oxford：Westview Press，1995，p. 29.

③ Ibid..

证某种程度的客观性，又要充分考虑意向性带来的价值、情感等问题，对意向性行动的理解既需要诠释也需要解释。

可见，规律与规范、原因与理由是诠释与解释之争的核心，这两个对子既是社会科学解释研究的缩影，又可由它们开始展开对社会科学的本质、社会科学规律存在、因果性与规范性、意向性与社会科学解释等社会科学重要问题的讨论。所以，本书拟定以“规律/规范、原因/理由与社会科学解释的关系”作为研究的主线。具体的论证思路如下：

亨普尔①（Carl G. Hempel）是20世纪最有影响的科学哲学家之一，他几乎最完善地阐述了逻辑经验主义的立场，科学解释的经典模型一般被认为是他与奥本海姆（P. Oppenheim）所建立的D—N模型和亨普尔之后提出的I—S模型（有时也包括D—S模型）。关于社会科学中是否存在解释以及社会科学的解释应是怎样等问题的争论，也大多以亨普尔为自然主义社会科学解释之靶。他们的争论从1942年亨普尔发表“The Function of General Laws in History”开始，一直持续到现在。故本书打算从亨普尔将覆盖律解释思想运用到社会科学解释中的讨论入手，围绕上述焦点展开对社会科学解释的研究。

本书试图维护自然主义（naturalism）的社会科学解释立场，论证由三个部分构成：第一个部分是确定本书选题的立论基础，即首先对社会科学有一个基本定位，这是第一章的内容。第二个部分分析亨普尔的社会科学解释观，考察其论证覆盖律解释适于社会科学解释的策略，找寻其真正不足之处，这部分内容在第二章和第三章。第三个部分，维护社会科学中存在规律的观点，进一步分析信念、期望与行动的关系中，理由与原因、规律与规范、意向性解释与因果解释之间的关系，并尝试给出一种新的社会科学解释模型（第四章和第五章阐述这部分内容）。

讨论社会科学解释问题，首先须对社会科学有一个定位，因此本书第一章介绍和分析了自然主义和反自然主义的不同社会科学观。社会科学的特殊性在于社会科学课题的不可重复性、独特性和价值的关联，维护社会科学是一门科学实际上也是对其主题的特殊性的处理。本书要展示以逻辑经验主义为代表的自然主义和以早期诠释学（hermeneutics）为首的反自

① Hempel的译法有多种，如“亨普尔”、“亨佩尔”、“亨普”等，由于本书参考Hempel的中译文文献都是译为“亨普尔”，故本书统一采取“亨普尔”的译法。

然主义分别强调了社会科学的不同侧面，而且他们对科学的看法都是采取逻辑经验主义的科学观，由此导致双方关于社会科学的本质的讨论胶着于社会科学的方法论是诠释还是解释上。本书在考察中抓住这一点，借助当代科学哲学对逻辑经验主义科学观的批判，呈现出自然主义和反自然主义的立论根据是需要更新的。在后实证主义的科学观平台上，解释与诠释的区分不足以区分自然科学和社会科学。社会科学具有两方面的特征：一方面，社会科学是社会的，它所研究的现象是意向性现象，故必须根据它们的意义来识别；另一方面，社会科学是科学的，它试图发展系统的理论去解释隐含于不同现象之间的因果联系。自然主义和反自然主义分别只强调了其中一个方面。

对社会科学有了基本的界定之后，论证进入第二个背景讨论，那就是科学解释观。第二章正是对科学解释观的一个基本概述，先介绍了科学解释的经典模型（覆盖律模型）的几种不同的类型，接着讨论其面临的困境、并分析之后的改进模型的基本进路。

第三章是对亨普尔论述覆盖律解释模型在社会科学中的运用的全面清理。亨普尔自 1942 年之后又相继发表了“Studies in the Logic of Explanation”（1948 与奥本海姆合著）、“Rational Action”（1962）、“Logical Positivism and the Social Sciences”（1963）、“Explanation in Science and in History”（1962）、“Reasons and Covering Laws in Historical Explanation”（1963）[①] 等文章，一方面阐述其覆盖律解释模型在社会科学中适用的可能性；另一方面对社会科学中主张目的论解释、合理解释、功能解释、发生学解释的立场进行反驳。

本书将目的论解释和合理解释视为意向性解释的子类。亨普尔对意向性解释的批评主要体现在对这两种解释的批评上，他的策略分正反两方面，左右开弓：反面主要是反驳意向性解释观点认为覆盖律解释不适合社

① Hempel C. G . . *Aspects of Scientific Explanation and Other Essaysin the Philosophy of Science* [A] . New York: The Free Press, 1965. —Studiesin the Logic of Explanation (1948), pp. 245 – 290, Hempel C. G. . *The Philosophy of Carl G. Hempel: Studies in Science, Explanation, Andrationality* [A], J. H. Fetzered. , New York: Oxford University Press, 2001. —Logical Positivism and the Social Sciences (1963), pp. 253 – 275, —Explanation in Science and in History (1962), pp. 276 – 296, —Reasons and Covering Lawsin Historical Explanation (1963), pp. 297 – 310, —Rational Action (1962), pp. 311 – 326.

会科学解释的理由，正面则是建立一个包含目的的覆盖律解释模型。在批判性地分析亨普尔的论证策略中，本书抓住两个要害：一是目的论分析强调解释项需要进入诠释学循环识别而不是单纯的经验识别，亨普尔对此是怎样解决的，是否成功；二是建立包含目的的覆盖律解释模型中是否考虑信念、期望和行动之间的意义关联。

亨普尔的反面进路找到了这样一些意向性解释用来反驳覆盖律解释的理由：（1）个别人或群体的行动具有特殊的唯一性和不可重复性。（2）建立个体在特定环境下的反应不仅依赖于该环境，还依赖于这个人的先前经历，因此，建立人类行为的科学概括是不可能的。（3）任何包括目的行为的现象的解释要求联系动机，因此，需要意向性分析而不是因果分析。我们认为，亨普尔对前两条理由的反驳基本上是合理的，并且进一步进行了深化。但是他对（3）的反驳是不成功的。亨普尔将（3）细分为这样几种理由：（i）意向性行为的目标是在未来达到目的，因此用目的解释行为就是用将来的事态解释过去的事态，这不可能是因果的，因为将来不可能引起现在。目的论分析本质上不同于自然科学中的因果分析。（ii）目的是不可直接观察的。（iii）解释一个行动，是在它发生之后，把它归于某种动机或目的，这样的程序没有预测力。这里的要害是（ii），即解释项需要进入诠释学循环识别而不是单纯的经验识别。但是亨普尔没有抓住这个要害，故而他对论据（3）的反面论证策略没能成功。

亨普尔建立一个包含目的的覆盖律解释模型的正面策略，是从批评德雷（W. Dray）的合理解释中引出的。亨普尔和德雷对于诉诸目的或动机的解释采取的是两种截然不同的态度。亨普尔仍然坚持他一贯的统一方法论进路，认为这种解释也是覆盖律解释，因此对 why—问题给出原因。而德雷则针锋相对，他认为信念、期望与行动之间的联系是某种理由，因此目的论解释要寻求规范的行动原则对这种理由作出合理的评价。虽然二者的理解有分歧，但是他们都在解决同一个问题，即“什么使信念和期望可解释行动?”

亨普尔的答案是规律，依据它可以从信念和期望演绎得或归纳地推出行动。为此，他的关键策略是添加了一个预设：A 是理性行动者，从而使得：（1）合理解释成为严格的演绎推理或者归纳推理；（2）坚持规律在解释中的核心地位；（3）合理解释中所有陈述都是可检验的。于是，我们着重讨论这个预设，结果表明，亨普尔的这个关键策略是不成功的。因为，按第一章的理解，社会科学解释除了对事件间的因果联系作出解释，还要求根据文化规范和主观意向对事件意义的理解。亨普尔的覆盖律模型主要停留在第一个层面，在后一层面仅关注工具理性，而且只限于博弈论的期望效用最大化原则，忽略了价值理性等。在第一个层面由于其逻辑经验主义立场的局限性，其论证也显得不够有力。

本书要辩护自然主义解释观，故而需要从亨普尔的失败中寻找根源和值得修正的地方。覆盖律解释有两个论旨：逻辑论旨和规律论旨。我们分析得知，逻辑论旨正是亨普尔的失败之源，但并没有合适的证据表明规律论旨方向错误，或者不能实现。因此第四章转入讨论是否存在社会科学规律。而从对亨普尔的论证策略考察中，我们发现，行动的识别需要进入意向和行动的诠释学循环，亨普尔简单地将之作为解释的启发式手段是不对的，这需要我们再次考察通过意向解释行动的意向性解释在保留其可理解性的同时又被归入因果解释的范畴的可能性。这里，规范用来衡量可理解性，那么规范是否能进入社会科学解释成为上述可能性讨论的关键，故第五章讨论规范在社会科学解释中的地位。

关于社会科学规律的讨论最关键的是分析意向（信念、期望、目标等）和行动之间的关系是否是似规律关系，其中首先需要澄清何谓科学规律或者似规律。随着科学哲学的发展，科学规律观已经不再陷于古德曼（N. Goodman）、亨普尔等人所作的句法分析，现在更多的哲学家关注规律的语用条件。基于这个背景，金凯德（H. Kincaid）和罗伯茨（J. T. Roberts）展开了关于社会科学中是否存在规律的论战。他们的观点基本反映了当代自然主义与反自然主义对于规律和规范在社会科学解释中的地位的看法。我们将以这场论战为平台，分析这样几个问题：自然主义和反自然主义的视野中对“什么是社会科学规律”分别持怎样的观点？它们的依据是什么？有什么问题需要进一步探究？在分析中，本书抓住社会科学规律的两个特征：CP 形式和意向性。

对于 CP 形式的讨论，罗伯茨将之理解为设限的，通过对设限的含义分析，试图证明没有这样的社会科学规律存在。他的论据有两个：一个是多元可实现性，一个是社会系统的复杂性，从而说明没有控制其他外力的方法理解设限的社会科学规则。多元可实现性和复杂性在第四章将作分析，而第四章关注的是罗伯茨借助于这两个论据要攻击的要害是什么。在罗伯茨眼中，自然科学主题范畴内，CP 不需要考虑人的意向性这种内在因素，而社会科学的主题内，意向性往往是不可逃避的课题。因此，他攻击自然主义规律观的要害是有关意向性的问题。而金凯德引入因果力的概念并将“什么是规律”转换为规律的存在性问题，指出辩护社会科学中存在规律就是要论证：A_1. 存在社会现象的规律；A_2. 社会科学能提供揭示规律的陈述；A_3. 当前社会科学中有揭示规律的特殊部分。本书在此基础上，认为社会科学中存在规律不仅仅是一个存在命题，提出这个问题的背景是反自然主义坚持规律不是社会科学解释的核心，因果解释不是社会科学解释的主要类型。所以该问题更深的意义在于规律或因果对于解释的核心作用上，因此暗含着一个普遍命题：社会科学的大部分解释或主要的解释类型之一是因果解释或者以规律为核心的解释。所以在 A_1—A_3 的基础上还要添加一个论证 A_4：以规律为核心的解释或因果解释是社会科学解释的主要类型。而要给予 A_4 肯定性的答案就得反驳自由意志使得规律不可能的主张。自由意志是作为认识与行动的主体的人们的理性的一种能力，由于这种能力，行动者具有某种主观意愿并非一定会采取相应的行动，因为达到其主观意愿的手段或过程受社会规则的约束，行动者知道不遵循规则将会带来何种后果，他有自由选择采取这种行动或那种行动，并且积极地诠释世界。这是人类区别于动物的主要特征，也是反自然主义要把行动者的意向作为主要研究对象的原因。而自由意志对解释的影响主要体现在行动者的意向（信念和期望）与行动之间的不确定关系上。因此，考察意向性和解释是否相容的确是论述 A_1—A_4，尤其是 A_4 的关键。

正反双方目光都聚集到了意向性上。本书第四章第三节讨论意向性对维护社会科学规律的影响，也就是对意向（信念、期望等）和行动之间是否由于意向性而不存在因果关系进行讨论。在解释中信念、期望是行动者之所以做那个行动的主要理由，罗森堡（A. Rosenberg）认为是大众心理学原则联结主要理由和行动，行动的意义要在信念、期望和行动的诠释学循环中才能获得；冯·赖特（G. H. von Wright）和戴维森（D. Davidson）则采取分析哲学的进路，重点辨析因果关系概念以及理由与行动的解释相关。冯·赖特将理由和原因严格区分开来，因此支持反自然主义的观点。戴维森辨析了休谟的因果观，提出较弱的因果观，以此反驳反自然主义的观点，认为主要理由就是原因，但是关于规律在社会科学解释中的地位则采取消极的观点。

冯·赖特采取休谟式因果观，他反对理由等同于原因，并且认为主要理由与行动之间的解释相关不是因果相关。但是，这样的解释中并非完全不包括因果关系，只不过这种对因果关系的理解属于意向性解释的前理解阶段，凭借意向性解释的基本特征是手段/目的关系这个观念，冯·赖特认为行动者的手段/目的信念犹如胶水一般把行动者的目的和他的行动联结在一起。这种“胶水”仅仅展示出行动者相信A成为达到目的的手段就是充分的解释。因此，如何知道行动者的意向和手段/目的信念（即主要理由）就是意向性解释的关键，而这些都只能通过理解而不是解释来达到，故解释一个行动并非从分析因果关系入手，而是从分析行动产生的理由入手的。解释项与被解释项之间不是逻辑上的演绎关系，也不是因果关系，而是某种辩护关系，属于实践三段论或实践推理。冯·赖特认为，这种解释模型完全不同于自然科学的解释模型，自然科学解释探求的是理论与事实陈述之间的关系，目的是得到新的信息。而实践三段论模型的对象是行动，行动受人的意愿和规范的影响，规范是规则性的，本身没有真值。实践三段论的目的是理解人的行动的理由，讨论的是行动的有效理由（即前面讲的主要理由）是什么的问题。但是，实践推理要求行动是达到期望结果的必要条件，而构成我们生活中的行动大多不满足这个要求。另外，仅仅展示出行动者相信A成为达到目的的手段不一定就是充分的解释。因为有时尽管陈述了行动者的手段/目的信念，我们却仍不能理解他的行动。这说明手段/目的信念还不够资格做理由与行动之间的胶水，无论是理解还是解释，都需要寻求另外的资料。

在这种情况下，戴维森站了出来，他主张主要理由就是原因。这是我们辩护社会科学规律的存在以及规范进入因果解释的有利立场，所以，本书细致地分析了戴维森得出这个结论的主要策略。

戴维森与冯·赖特的不同在于，他区分了把一个行动描述为理性的与把一个行动认定（评价）为理性的。冯·赖特要求意向性解释在后一种意义上成立，而戴维森取前一策略。在冯·赖特的实践推理中，解释项和被解释项中的媒介是行动者和研究者共享的理性。因为，我们通过前提判断结论是理性的。在这种情况下，给出解释或接受解释的人需要认可该行动的理性，接受该解释就是同意行动是理性的。也就是说，冯·赖特之所以认为目的/手段信念可以作为黏合行动和期望的胶水，就是因为在他预设了研究者必须理解并认可行动者作出行动是理性的，才可能对之作出解释。但是，行动者作出行动的过程与研究者对行动者的行动作解释的过程是不同的，行动者在作出行动时是处于当时社会的价值体系，并认为自己的行动是合理的，这其中有一个价值评判过程。然而，研究者在对行动者的行动作解释的过程中，首先他要对行动作重新描述，行动者的态度和信念，以及他所出的社会的价值规范可以用陈述句而不是祈使句表达，因此，研究者可以不用认可就描述，最终出现在解释中的是陈述句而不是祈使句，那么理由可以在因果图式中占有一席之地，同时又可以保留行动者的价值规范。

根据上述区分，戴维森进入到主要理由与行动之间关系的讨论。他由如下问题切入讨论：前态度和信念如何成为主要理由？讨论中戴维森作了这样几个重要的区分：行动和对行动的描述、理由与主要理由、评价与描述。最关键的是他的特殊因果观。这种因果观使他中立于实在论的因果观和认识论的因果观，因而不用对因果与规律之间的关系作确定的回答。可是，会认为戴维森就此站在反自然主义一边，反对存在社会科学规律的可能性。本书要澄清这种误解，突破口就是他论述特殊因果观中使用变异一元论时，对规律的认识。在他的论述中，规律是指他所说的严格规律，在闭合系统中才可获得的类法则概括，这是一种理想状态。严格地说，除了物理学、化学有可能存在这种理想状态，其他自然科学也不会具有这种严格规律的可能性。而且戴维森真正反对的不是社会科学规律的存在或者可能性，而是在反对社会科学规律的存在或可能性与澄清社会科学解释（心理学解释）的相关性，他要表明的是不存在严格的心理—物理规律。对戴维森的说法，本书要强调的是，不可以极端地看。本书要维护的社会科学规律不是戴维森所言的严格规律，而且戴维森没有否认（并且承认）这种具有 CP 形式的非严格规律，因此戴维森的观点不会被反自然主义所用，反而为我们的弱自然主义立场提供了支持。

但是，戴维森留下一个问题，即识别包含前态度的主要理由必须诉诸相应的特定社会规范，那么规范在解释中是何地位，是否由于规范的进入，使得意向性解释与因果解释不同？里斯约德（M. Risjord）认为，社会规范、规则必须在意向性解释的解释项中，而这成为使得意向性解释不同于因果解释，规范在因果解释中没有位置。那么是否意向性解释寻求的是理由，不需要规律呢？如果同意的话，我们如何再论证因果解释是社会科学解释的主要类型之一？如果不同意的话，为什么不同意，又怎样看待规范在社会科学解释中的地位呢？这些问题是本书进入第五章的内容。

第五章由反驳里斯约德（M. Risjord）对戴维森的批判开始。里斯约德误读了戴维森，认为戴维森主张“X是做Y的主要理由”描述了X和Y之间的规范性关系，故规范是意向性解释不可或缺的部分，要寻求规范，而规范来自于它们支持理由和行动之间的评价性逻辑关系，是非因果的，故意向性解释不是因果解释。然而，戴维森自己的澄清表明，他并没有提出上述观点。那么规范到底在社会科学解释中处于何种地位呢？意向性解释是否和因果解释不同呢？

本书循着亨德森（D. Henderson）利用关联模型讨论规范的描述在因果解释中的作用的思路，考察其可行性和合适性，在仔细分析他的论证策略和他欲借用的伍德沃德（P. Woodward）关于不变性概括的主张后，得出结论：亨德森正确地认为规范本身是不进入解释的，而规范的描述却进入解释，但是亨德森在论述规范的描述的解释地位时借助的不变性概括理论是不匹配的，因此，亨德森的目标没有实现。我们试图继续这一目标。通过剖析戴维森的解释观，比较里斯约德和亨德森在规范的解释角色上的不同观点，首先确定在本体论层面意向性解释就是因果解释，接下来，探讨认识论层面规范在意向性解释中的地位。在确定社会科学解释的概念中，我们仍然认可关联模型，于是在此基础上寻求相关关系的语义分析。最终，我们拟定了关联模型的相关关系限制，并从几个典型案例分析中，展现了经我们修正后的关联模型的合适性和有效性。

在完成主体内容的论述后，我们在结语部分对本课题进行了总结性的反思和前瞻性的展望。在反思中，我们重审了本书拟定“社会科学解释研究——规律/规范、原因/理由与社会科学解释”作为社会科学哲学基础性问题的恰当性，以这一问题统摄本书各个核心主题的合理性，以及分析各核心主题对辩护自然主义社会科学解释观的有效性问题。我们认为，经过本书的分析、考察和论证，上述新型的关联模型的恰当性、合理性及有效性都是成立的。最后，我们从四个方面思考和展望了对本书的可能性推进研究：（1）对社会科学规律的特征的进一步挖掘；（2）进一步完善自然主义的社会科学解释模型；（3）将自然科学解释与社会科学解释作进一步比较研究；（4）社会科学解释研究对哲学方法论等研究可能有的贡献。在我们的总结、反思和展望中，我们认为，本书的研究确实具有重要的理论意义和拓展空间。

第一章　关于社会科学的界定

据国外的资料，几年前，一个男子回到家，发现自己的妻子与另一个男子在偷情，盛怒之下，他杀死了他妻子。法庭上，陪审团宣告他的谋杀罪名成立，法官却只给了他很轻的判决。法官的理由是：进化心理学和其他原理表明，人类行为受控于我们的基因构成和进化史。许多物种（包括人类）中的雄性生来具有攻击性和对配偶的控制欲。因此，丈夫只是做了天生而来的事。社会的法律和道德惯例必须服从这些生物学因素的支配。因此，这个男人不应该被重罚。而且，我们的法律和道德要被调整以适应人类男性的这些自然事实（natural facts）。[①]

法官的论证可以看作一种解释，他完全是用自然科学规律解释人类行为，将价值判断看作是遵从于自然规律的，而不考虑人类行为之间的价值关联和文化背景。从本体论上看，法官是将社会科学的本质看作和自然科学的本质一样，无论是人类行为还是自然现象都是受自然规律支配的，所以他将人类行为还原为进化心理学和其他自然原理刻画的自然现象。但是，如果他这种处理价值判断的方式是正确的，人类行为都可以用生物学术语解释，那么社会科学到底有什么必要？

回答上述问题，首先要说清社会科学与自然科学有何不同，或者说为什么社会科学既是科学又与自然科学不同？

由本书导论可知，社会科学的学科定位主要有三种不同的观点，其中自然主义和反自然主义针锋相对，而多元论试图寻找两者的某种融合方式。实际上，关于社会科学的学科定位，还有几个与自然主义相关的概念，在进一步论述之前，我们先澄清这几个概念：还原论（reductivism）、实证主义（positivism）和科学主义（scientism）。

---

① Klemke E. D.. *Introductory Readings in the Philosophy of Science* [A]. Amherst, N. Y.: Prometheus Books, 1998, p. 190.

还原论分强还原论和弱还原论。强还原论认为，社会属性可以还原为个体属性，个体属性可以还原为生物学甚至物理学属性，因此社会科学属性可以还原为自然科学属性。弱还原论认为，社会属性随附于个体属性，个体属性随附于生物学属性，因此社会科学属性可以局部还原为心理学属性，心理学属性可以局部还原为生物学属性。

实证主义者同样也认为自然科学的研究方法和社会科学研究方法之间没有本质的区别。他们认为，科学的经验基础是观察和实验，科学家通过实验来发现客观实在，从假设中发现能够被用来预测将来可能性的普遍法则。总之，实证主义所寻求的法则是一种具有解释、推测能力的因果关系。另外，实证主义坚持事实与价值的二元论，对于社会科学而言，只有社会事实能够被检验，科学家坚持价值中立的原则，不对研究对象作价值判断。

科学主义将自然科学尤其是物理学作为科学的典范，因此社会科学之为科学也就是在本质上和自然科学没有什么不同，并且自然科学的方法论是普适的准则，自然科学的方法和规则也可以运用于社会科学。

可见，还原论、实证主义和科学主义都属于自然主义，但是自然主义并非等同于这三者的任何一个，或这几个的并集。这在巴斯卡的先验实在论中可以得到印证①。

区别上述概念后，我们大致可以断定：文中提到的那个法官所持的观点与还原论比较贴近。然而，在社会科学的建制化过程中，以自然主义冠名的思想比较多的还是实证主义和科学主义，而自20世纪50年代之后，社会科学家的实践和思想立场与社会科学的形式组织之间出现了越来越大的鸿沟，加之自然科学哲学内部库恩等人的革命，使得自然主义有了新的发展，自然主义不再限于还原论、实证主义和科学主义的任何一个或者并集。

我们将通过对上述历史过程的考察，展示界定社会科学的复杂情况。然后，从哲学的角度分析逻辑经验主义的社会科学观和早期诠释学的社会科学观，指出二者对科学的看法都是采取逻辑经验主义的科学观，由此导致双方关于社会科学的本质的讨论胶着于社会科学的方法论是诠释还是解释上。最后，借助当代科学哲学对逻辑经验主义科学观的批判，呈现出自

---

① Bhaskar R.. *The Possibillity of Naturalism* (3rd) [M]. New York: Routledge, 1998.

然主义和反自然主义的立论根据是需要更新的。在后实证主义的科学观平台上，解释与诠释的区分不足以区分自然科学和社会科学。社会科学具有两方面的特征：一方面，社会科学是社会的，它所研究的现象是意向性现象，故必须根据它们的意义来识别；另一方面，社会科学是科学的，它试图发展系统的理论去解释隐含于不同现象之间的因果联系。自然主义和反自然主义分别只强调了其中一个方面。

第一节　历史的考察
——专业化社会科学学科的产生

一、社会科学的创立

1774 年，杜尔哥（Anne Robert Jacques Turgot，1721 - 1781）——即为《百科全书》写了题为“膨胀性”文章的重农学派代表人物杜尔哥——成为法国新国王路易十六的总理大臣。这是第一次由一位启蒙思想家担任王国中最重要的内阁大臣。此时，法国遭受的财政危机已经发展到非常严重的程度，它实际上演变为社会危机，僧侣、贵族和最高法院猜忌地保护着他们的特权，王国的税制不可能使国王从真正的财富中征收到税款。当杜尔哥就职时，他就国内的各种问题向国王进言：

“陛下，邪恶的原因可追溯到这样的事实：您的国家……是这样一个社会，它由糟糕地联合起来的不同等级组成，其中人们之间的社会联系极少。因此，每个人都只想着自己特别的利益，几乎没有人想着要完成他的义务或知道他与其他人的关系。随之而来的是一场持续的、理性和相互理解完全调节不了的对立观点之间的冲突。”①

杜尔哥的解决办法是使社会和政治体制理性化，这种理性化不是根据历史的权利和利益，而是根据自然的权利，从而发展一种建立在理性和经验基础上的新的客观的社会科学。他论证说：“这些权利和利益并不是很多的。因此，建立在我们每个人内心怀有的正义原则和我们自己内在的感

① ［美］汉金斯、托马斯：《科学与启蒙运动》，任定成、张爱珍译，复旦大学出版社 2000 年版，第 163—164 页。

觉信念基础上的这门科学，具有很大的确定性，但范围一点也不广大。它并不需要努力的长期研究，也不超越任何人的美好愿望的能力。”①

杜尔哥的建议部分原因是他和他的朋友德·孔多塞侯爵（Marquis de Condorcet）相信新的社会科学应该是经验的和定量的。也正是杜尔哥、孔多塞和他们的自由主义学派首先使用了“社会科学”这个术语。还有部分原因是当时的时代要求，经历了17世纪物理学的综合和工业革命，以及18世纪正如火如荼的理性启蒙运动，欧洲的社会结构和智力环境发生了巨大的变化，进步和变革成为政治决策者和社会思想家最为关心的问题，封建保守势力和工商业资产阶级对社会制度的变革呈现着截然不同的态度。

社会科学的创建是启蒙思想家改革社会计划的重要部分，他们想要发现社会应该由之支配的规律（而不是实际上它遵循的规律），以期论证其社会思想的合法性并运用于社会改革中。这期间的一些代表著作有休谟的《人性论》（1739）、孟德斯鸠的《论法的精神》（1748）、狄德罗的《盲人通信》（1749）、孔迪亚克的《论系统》（1749）、杜尔哥的《人类精神连续进步演讲集》（1750）、卢梭的《论科学和艺术》（1750）、伏尔泰的《路易十四的时代》（1751）以及狄德罗和达朗贝尔主编的《百科全书》。这些启蒙思想家都相信人类行动应该由自然而不是由摘自《圣经》的规则控制；同时他们也相信，自然科学为人性的运作提供了远见卓识。然而，此时社会科学这种知识形式还缺乏内在凝聚性，社会科学内部区分模糊，更无法结成统一的联盟。比如，狄德罗、达朗贝尔、孔迪亚克和卢梭在巴黎是亲密的朋友，但在18世纪末全都走向不同的道路。达朗贝尔和孔迪亚克忠诚于建立在数学和定量的实验基础上的科学；狄德罗走向了物力论的唯物主义；卢梭创建了浪漫主义。因此，这一时期，基本还没有对社会科学与自然科学的区分作为研究的主题，社会科学的性质和范围还不十分明确。

二、社会科学的制度性结构的建立

（一）大学的复兴与知识的学科化和专业化

启蒙运动的时期，因德·孔多塞的死亡而结束②，但是启蒙运动的思

① ［美］汉金斯、托马斯：《科学与启蒙运动》，任定成、张爱珍译，复旦大学出版社2000年版，第164页。

② 同上书，第197页。

想并没有随着他的死亡而死亡。当欧洲从革命时代走出来时，欧洲思想家开始认识到，世界上存在着多种多样的社会体制，对其形态各异的特色应当加以解释。正是在这个背景下，大学在18世纪末19世纪初得到了复兴，成为创造知识的主要制度性场所。无论是文科领域的从业者，还是自然科学领域的从业者都纷纷涌入大学，并在那里建立起多元化的自律学科结构。[①] 知识的学科化和专业化便拉开了19世纪科学思想史的序幕。

多元学科的创立乃是基于这样一个信念：由于现实被合理地分成了一些不同的知识群，因此系统化研究便要求研究者掌握专门的技能，并借助于这些技能去集中应对多种多样、各自独立的现实领域。这种合理的划分是有效率的，也就是说，具有思想上的创造性。[②] 自然科学的这种划分早在大学复兴之前就已确立了，并且在17—18世纪获得了社会和政治上的支持，主要是在各种皇家学院从事工作。大学的复兴改变了这种状况，自然科学家遇到了大量竞争对手，社会科学家和人文科学家也利用大学作为一种手段来获得国家对其学术工作的支持。从这时起，大学就成为人文社会科学和自然科学之间持续紧张的主要场所；人文科学和自然科学被界定为完全不同的认识方式。人文科学中哲学的地位最高，然而在大学系统中，哲学被挤到越来越小的角落，科学（物理学）则到处受到顶礼膜拜[③]。社会科学介于其中，汲取两大认识领域的营养之时，也不忘确立社会科学领域的独立自主性。

欧洲许多国家，尤其是英国和法国，经历了政治和社会的巨大变革，社会科学迫切需要被赋予一种合法性，不但把其理论看作是有关社会生活秩序的假设性理论，而且要求其建立于一个牢固的基础上，指导组织社会秩序。基于这样的要求，许多社会科学的奠基者得出结论：社会科学越实证越好、越精确越好，其效法的楷模就是以实证为特征的自然科学。

科学权威的一个主要源泉是物理学，社会物理学这个18世纪曾经提出的概念被孔德再次复兴；19世纪70年代边际经济学家利用来自物理学的力学类比，构建了一个作为市场选择之自我平衡系统的经济学观点，以

① 华勒斯坦等：《开放社会科学：重建社会科学报告书》，生活·读书·新知三联书店1997年版，第8页。

② 同上书，第9页。

③ 同上书，第12页。

此为核心形成了一个貌似科学的经济学学科。

然而社会科学无法达到物理学的确实性，因而另一个重要源泉成为社会科学诸学科建立的基础，那就是进化的生物学。达尔文的理论使人类作为主动适应环境的动物的观点和社会作为一种具有相互适应结构和功能需要的有机体的观点显得貌似合理，因此，适应的模式、功能的模式、有机的模式和进化的模式，在心理学、社会学和人类学中获得新的合法性。人类学家的“比较方法”把民族和种族、风俗和神话放在一个巨大的进化坐标系中，并把它们固定在一个单一的进化过程的诸阶段。进化的观点为使用以欧洲为中心的等级标准来评价由工业化和帝国主义创造的世界及其种族、阶级和性别的不平等，并用这种标准提供了一门技术。地理学又依次利用制图学和地球科学为西方霸权构建了一个全球的空间坐标。[①] 值得注意的是，这一学科专业分化的进程发生于何处。

在19世纪，社会科学研究主要集中在五个地区：英国、法国、德国、意大利半岛诸国以及美国。大多数学者、大多数大学都云集在这五个地区，大学提供了学者间的交流和学习，也为学者提供研究场所和经费支持，研究主题和学科的划分在大学系统中逐渐有了广泛的趋同和共识。经济学、社会学、政治学、人类学和东方学逐渐成为大学里的一些学科（不过历史学是否归于社会科学尚存许多争论）。每一个学科都试图对它与其他学科之间的差异进行界定，尤其是要说明它与那些在社会现实研究方面内容最相近的学科之间究竟有何不同。

经济学家、政治学家和社会学家以探寻普遍法则为己任，但是也为他们各自的学科领域划定了范围。经济学家坚持其他条件均相同（ceteris paribus）假设的有效性，以便去研究市场的运行机制；政治学家仅仅关注政府的结构；社会学家则着重研究市民社会。[②] 人类学家对世界其他民族的与西方截然不同的社会组织形态进行了重构，他们要论证这些社会组织形态的合理性。东方学家则研究、解释和翻译大量西方以外的“高级”文明地区的文献。相比于人类学和东方学这些比较文明研究，经济学、政治学和社会学致力于对它们所在的国家的社会现实进行描述和研究。

---

① 波特、罗斯：《剑桥科学史》（第七卷），大象出版社2008年版，第180页。

② 华勒斯坦等：《开放社会科学：重建社会科学报告书》，生活·读书·新知三联书店1997年版，第33页。

按照社会科学家的假定，人类生活必须要通过一组空间结构来加以组织，而这些空间结构便是共同界定世界政治地图的主权领土。几乎所有的社会科学家都认为，这些政治疆界确定了市民社会、国民经济、国家政府之间的互动。因而，在政治、经济和社会过程之间存在着基本的空间一致性。在这个意义上，社会科学很大程度上是以国家的疆界来作为最重要的社会容器。因而，社会学、经济学和政治学构成了一个以国家为中轴的三位一体，从而巩固了它们作为核心社会科学的地位。

综上所述，在1850—1945年期间，人们对一系列的学科进行了界定，这些学科共同构成了一个可以用“社会科学”命之的知识领域。实现这一点的步骤是，首先在主要大学里设立一些首席讲座职位，然后再建立一些系来开设有关的课程，学生在完成课业后可以取得该学科的学位。训练的制度化伴随着研究的制度化——创办各学科的专业期刊，按学科建立各种学会，建立按学科分类的图书收藏制度。[①] 随着学科结构的建立，围绕着研究、分析和训练，产生了大量我们今天视为现代社会科学的文献。

在这期间，科学与哲学之间的界限被一再强调，科学家为其独特地位需要对“科学”概念进行更严格的界定。对于社会科学家和社会科学哲学家，与科学的界定紧密相关的问题莫过于“社会科学的独立自主性究竟体现于何处”。上面我们已经讨论了社会科学的学科化和专业化过程，了解到现代社会科学的建制化过程中社会科学向自然科学学习是最大的趋势，而且作为核心学科的社会学、经济学和政治学为自己勾画的蓝图是以寻找普遍规律为目标的。那么，科学哲学（和社会科学哲学）的研究又是如何切入其中，或者说科学哲学（和社会科学哲学）的研究对于社会科学的重要性究竟是怎样体现出来的呢?

孔德（Auguste Comte）和密尔（J. S. Mill）是19世纪致力于社会科学独立自主性目标的两位代表人物，孔德是社会学的立鼎之人，密尔是经济学的主要创始人之一，并且两者在思想上有着继承关系。因此，接下来将考察这两位社会科学家，寻找他们构建社会科学的思想基础，从而展现科学哲学（和社会科学哲学）进入讨论社会科学的界定的逻辑线索。

① 华勒斯坦等：《开放社会科学：重建社会科学报告书》，生活·读书·新知三联书店1997年版，第31页。

(二) 孔德与密尔：以实证主义的方式构建社会科学

1. 孔德

孔德的《实证哲学教程》可以看成是19世纪初思想状况的一个百科全书，从这里勾画出未来发展的蓝图。其中指出学科的不断分化与专门化是一种不可遏制的趋势，只有科学分类才能告诉人们它们发展的逻辑线索和历史线索。他从实证主义哲学的立场出发，恢复了“社会物理学”这一概念，这就是最初的社会学。他把科学进行了分类，并且论证说，每一个科学领域都是连续地通过三个阶段而发展的，没有一门科学不经过其他阶段而达到实证阶段。这三个阶段分别是：神学阶段、形而上学阶段和实证阶段。神学阶段以诉诸“虚幻的实体”为标志。[①] 随之而来的是形而上学阶段，在这一阶段，解释诉诸的是抽象的实体或力，例如动力（或者成因本身，或其他任何非严格意义上的永恒的关系）等。最后是实证阶段，在这一阶段前两个阶段的思想都会被排除，完全具有预见性的规律构成了那个领域中所认为的科学。他根据各门科学经历这三个阶段的时间进行分类，认定数学是最先成立的实证科学，随后是天文学、物理学、化学和生物学，而居于最后的是社会物理学，即社会学。孔德在第四卷提出了“社会学”一词，并探讨了社会学的研究对象、任务和意义。

基于这一纲领，孔德认为，社会现象是自然现象，是受自然规律制约的。按此，社会现象就是“实物”或“事实”，科学的任务就在于描述现象，从而发现事物之间重复出现的社会规律，经过归纳、提炼，最后形成一般性的结论。“在知识的每一分支中，若要使我们的各项研究具有实证性，那就必须把它们的范围加以限制，只去研究实际存在的事实，而不必努力地去了解这些事实的初始原因或最终结果。”[②] 具体的方法是：人们首先会从选出的个案和事例中作出概括；随后会把这些基于少数个案的概括与一些更具普遍性的思想结合起来，由此而作出分析。这种策略被密尔称为“反演绎法”，这种方法：“尤其适用于复杂的史学和统计学问题：这种方法与更为普遍的演绎方法的不同之处就在这一点上——即它不是用普遍推理得出其结论，并且用一些特别的经验来证实这些结论，而是通过

① 波特、罗斯：《剑桥科学史》第七卷，大象出版社2008年版，第52页。

② Comte, A.. *A Discourse on the Positive Spirit*, London: William Reeves, 1903, p. 21.

整理一些特别的经验，并且通过确定它们是否是那些有可能从已知的普遍原理中得来的经验来证实它们，从而得出它的概括。”① 密尔认为这种策略是专门应对社会科学复杂性的基本策略。这些复杂性在于，有许多原因产生了微不足道的结果，它们对整体有影响，但这些原因总是复杂地混合在一起，无法确认首先决定那些因果关系的是哪些规律。

总结来看，孔德投入了大量的精力来界定科学的方法和科学的历史进步。他的目的是宣布社会学的发现，并确立其立足点。在他的主张中有几点值得我们注意：

(1) 孔德明确指出了科学分类的思想，而且为科学的发展阶段勾画了三段论框架。

(2) 孔德主张统一的科学观，强调自然界与人类社会有基本的连续性，社会发展过程在性质上与生物发展过程是相同的，社会现象不过是自然现象的高级阶段，生命是一个最简单的自然界现象延伸到最高级的社会有机体的巨大链条。因此，可以用自然规律来解释社会现象。

(3) 孔德的基本出发点是实证主义立场，认识论基础是认识只能来自感官体验和有逻辑的思想活动，并且认为只有科学能够提供正确的知识；如果社会科学要成为科学，必须发展类似于自然科学的方法，即用自然科学的观察、实验和比较等客观的方法来研究人类社会。

孔德的思想后来得到了密尔的回应和发展，科学代表一种方法论的思想被清晰地凸显出来，下面我们将对照孔德的这几点来考察密尔的工作。

2. 密尔

密尔关于认识论和科学哲学的最重要的著作是《逻辑体系》(1884)。《逻辑体系》的前五卷展示了他的一般的哲学立场，而第六卷讨论了“道德科学的逻辑”。密尔提供了关于科学的实证主义观点，并且将其具体应用于社会科学如经济学；这种应用部分是以缺乏实验室中受控实验的社会科学为基础，部分是以研究的特定领域的特征为基础。事实上，可以认为《逻辑体系》的前五卷仅仅是在为第六卷设定背景。正如一位最近的评论者所说：“密尔写作《逻辑体系》的主要理由是为研究社会和政治建立坚

① Mill, J. S.. Autobiography and Literary Essays [A]. in Robson, J. M. ed. *Collected Works*. Toronto: University of Toronto Press, 1974, p. 219.

实的基础。"[①]

下面我们对照孔德进行比较：

（1）关于统一的科学观。密尔同样持实证主义的立场，他认为感觉是知识的基础和推理的材料，知识就是在直接感觉的基础上通过推理而建立起来的。"因此，对于外在世界，除了我们经历的感觉之外，我们完全什么也不知道，并且肯定什么也不能知道，这一点可以肯定地被认为是一种自明的真理，并且也得到了目前有必要考虑这一问题的所有人的认可。"[②] 基于这种实证主义立场，密尔展开了关于社会科学的自然主义论证。他认为社会科学也是一种科学，社会科学哲学是科学哲学的一个分支，一般科学的方法也适用于社会科学，因此社会科学基于与自然科学相同的逻辑基础，要在科学研究工作中发现齐一性，建立因果关系的概括。二者的差异在于关于人性的社会科学变数很复杂，所以较难发现齐一性。

（2）关于科学分类的思想。密尔同样持科学分类的思想，他的论证首先对是具体科学进行定义，他主张具体科学应当由那些领域的从业人员来定义，并且认为科学理论随时间所发生的变化可能引起那些不同的具体科学的定义的变化。然而科学可以区分为"可进行演绎的"科学和"只能进行实验的"科学[③]。密尔认为牛顿力学是前者的例子而化学是后者的例子。因为在牛顿力学中，存在可以用数学形式化的普遍规律，并且可以应用演绎得出具体事件，而化学（在密尔时代）依然被局限于个案分析（case - by - case）的实验方法。密尔认为演绎—实验区别的关键是在"原因合成定律"中发现的，"原因合成定律"是"几个原因合成的结果等于它们单独结果的和"[④]。在力学中，在作用中可能有许多不同的原因（A_1，A_2，…，A_n），但是它们联合作用的结果等同于它们独自作用的和（考虑力作为矢量和）。相反，在化学当中，没有这样的合成定律；我们不能将单独的氧的性质和单独的氢的性质加起来便能得到水的性质：或者

---

① Redman, Deborah A.. *The Rise of Political Economyasa Science* [M]. Cambridge, MA: MIT Press. 1997, p. 324.

② Mill, John Stuart. *A System of Logic, Ratiocinative and Inductive: Being a Connected View of the Principles of Evidence and the Methods of Scientific Investigation* [M], 8th ed. New York: Harper & Brothers, p. 56.

③ Ibid., p. 165.

④ Ibid., p. 267.

用密尔自己的例子“铅糖（sugar of lead，醋酸铅）的味道不是它的组成成分味道的和”①。像化学这样的不遵守原因合成原理的科学被称为“异质的”（heteropathic）科学②。

密尔不仅区分了遵守原因合成定律的科学和不遵守它的科学，他还在这两类科学中作了进一步的区分。在异质的科学中，有一些（像化学）科学，实验方法在其中是很有效的——有一些情况是，其过程可以逆转并且原因可以恢复（我们可以从水中重新获得氢和氧）——而另外的（如心灵定律，laws of mind）则对实验方法没什么反应。相反，在遵守原因合成定律的科学中，也有两类主要的区分：演绎的（先验的）科学和实验的（后验的）科学。演绎科学，是指对于以单独原因为基础的演绎，合成结果中的各种单独的原因是可以充分得到鉴别的；而实验科学（是指原因合成有效的那类科学中的科学），是指仅仅是原因的整体（总效果）可以得到鉴别。

图 1.1 根据密尔的论述描述了科学方法所有不同的种类；顶端表示了原因合成定律有效时的三种选择，底部表示原因合成定律无效时两种（异质的）情况。

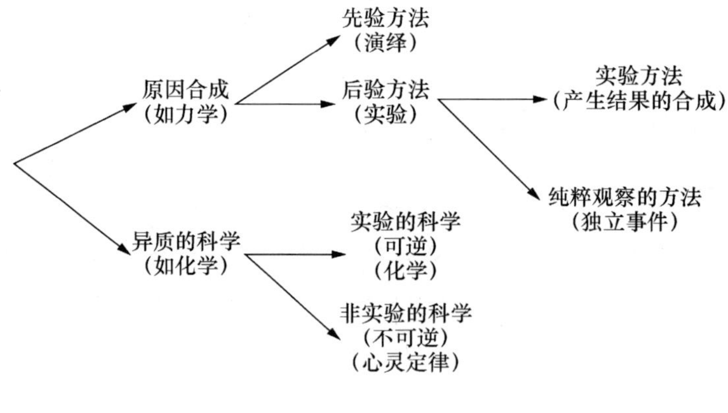

图 1.1

① Mill, John Stuart. *A System of Logic, Ratiocinative and Inductive: Being a Connected View of the Principles of Evidence and the Methods of Scientific Investigation* [M], 8th ed. New York: Harper & Brothers, p. 267.

② Ibid., p. 269.

(3) 关于研究的方法。密尔强调，当处理原因合成时，总有可能各种原因将会互相抵消；每一个原因都施加了直接影响，但观察到的结果却取决于特定的合成，因此将会取决于各种成分的具体数量和方向。由于这个原因，密尔指出，因果律始终应该被看作是"趋势律"："所有的因果律，由于它们互相抵消倾向的缘故，都只需要以肯定趋势的词语而不是以表示实际结果的词语来陈述。"① 趋势律的特征使得所有规律要么是真要么是假，而不是依赖于是否互相抵消的力量在起作用而有时真有时假。

所以，密尔根据其所研究的科学的具体特征清楚地提供了一些不同的科学"方法"，但是社会科学，尤其是经济学，如何吻合他的方案呢？简单地说，经济学就是图 1.1 中最上边序列的一个例子；它是原因合成定律的演绎（先验方法）。

因为社会现象仅仅是社会中所有个体行为的总和，"社会现象的规律只是，也只能是，在社会状态中统一起来的人类行为与激情的规律。然而，人处在社会状态下依然是人；人们的行为与激情服从个人的天性。人们在集合到一起时是不会变成具有不同性质的另外的物质种类，不像氢和氧与水是不一样的……社会中的人只具有从个体天性的规律中得到的属性，也可能是融入于个体天性规律中的那些属性。原因合成律在社会现象中是普遍规律。"② 所以社会现象遵从原因合成定律。

社会科学的演绎性质来自于它们的两个主要特征。首先，密尔认为，社会科学和道德科学，没有受控实验这样的便利条件。密尔使用国家之间的自由贸易作为例子来强调这一点。他承认，要是贸易理论中有"判决性实验"就好了。但为了进行这个实验，我们必须找到这样两个国家，它们在其他每个方面都相同，或者至少在正好相同的程度上拥有可使国家富裕的一切东西，以及在它们所有其他事务上正好采用相同的政策，而仅仅是下面这一点不同，即一个国家采用贸易限制而另一个国家采用自由贸易。显然，这种实验（后验的）方法在社会领域行不通，所以演绎（先验的）方法是社会科学唯一可行的方法。社会科学是，并且仅仅是一门

---

① Mill, John Stuart. *A System of Logic, Ratiocinative and Inductive: Being a Connected View of the Principles of Evidence and the Methods of Scientific Investigation* [M], 8th ed. New York: Harper & Brothers, p. 319.

② Ibid., p. 608.

演绎科学。

但是，从密尔的角度来看，人们如何才能在像经济学这样没有实验的科学领域里获得这样的普遍规律呢？凯恩斯提供了一种解法，他将科学定义为“一个由具有形式普遍性的真理构成的相互联系的和系统化的统一体”，于是，真理“缺乏普遍性就不能构成一门科学”①。换句话说就是，科学需要普遍规律。但“鉴于特殊经验方法不能提供关于经济学规律的可靠知识，就不得不求助于一种方法，这种方法的本质存在于作用中主要力量的基本决定性之中，也存在于不同条件下它们的结果的演绎之中。因为后验的方法完全依赖于对于实际表现的所有复杂性中的具体事实的考察，因此它被先验的方法所替代，而先验的方法依赖于人们在他们相互经济交往中显示出来的关于普遍特征的知识。”②

当然，这种先验的方法将会导致一个“假设的科学”，又因为相互抵消的原因，它关心的将“仅仅是趋势”，而且将会包括“一个抽象的过程，并且必须频繁使用其他条件都相同这一限制”③。

因此，社会科学，尤其是经济学是一门抽象的科学，它的方法是先验的演绎方法。经济学家从参与追求财富活动的经济主体的行为的假设前提开始，然后以这些行为为基础演绎出各种结论。

综上所述，密尔整个论证的目的是为社会科学作为一门科学作辩护，最关键的环节是定义“科学”，社会科学的特征是演绎的，但在这里密尔最首要的还不是研究演绎推理。对密尔来说，所有的推理都是归纳推理。因为演绎论证的前提中所不具有的，在其结论中也不具有（演绎推理是非扩展性的）。所有的真正的推理必然是归纳推理（扩展性的）。我们并不通过从陈述“凡人必死”和“苏格拉底是人”演绎出“苏格拉底必死”而获得知识；在这个三段论中所包含的知识只能是由归纳过程而获得，这一过程使得我们从对特殊的人的观察到“凡人必死”（或者是从对苏格拉底的信息的观察到“苏格拉底是人”）。对密尔来说，所有的知识来自于观察，并且人们观察不到普遍性；人们只能观察到特殊性。从普遍

① Keynes, John Neville. 1919. The Scope and Method of Political Economy [M]. 转引自 Hands, D. Wade. 2001, p. 32。

② 同上。

③ 同上。

规律出发的演绎推理正如从特殊观察开始的归纳推理，这种归纳让我们首先建立普遍规律。因而，普遍规律是经济学或社会科学的科学性之体现，但此普遍规律如凯恩斯所说，只是描画了一种趋势，它是因果规律。

3. 小结

密尔基本上继承了孔德的思想，但是也认识到孔德所坚持的“科学”概念是一种高度严格的概念，社会科学不能轻易满足其标准。因此，他尤其强调科学的方法或逻辑，一方面普遍规律是科学的特征，这被作为科学的一种规范力；另一方面科学的控制力和确定性体现在科学的方法中，正是在方法上的一致性，维护了社会科学的科学性。社会科学的特殊性在于其研究对象的复杂性，关于人性的社会科学变数很复杂，所以缺乏实验室中受控实验，较难发现齐一性。

最为重要的一点是，无论是孔德还是密尔，为社会科学的界定进行论证时，均基于实证主义的立场，严谨地讨论了科学的定义、科学的方法论，由之得出有关普遍规律是科学的重要特征、社会科学是科学、社会科学的方法或逻辑与自然科学的一致等结论。

那么，社会科学是否就可以按照孔德和密尔开创的思路界定呢？要回答这个问题，还需考察孔德和密尔所面临的批评。

针对孔德和密尔的批评来自不同的方向，首先是对其基本立场的质疑和批判，到19世纪末20世纪初以内省心理学为基础的实证主义成为众矢之的，基于其上的科学观有待重新认识，维也纳学派的科学哲学在此时作为一支哲学的力量崛起，逻辑经验主义直到20世纪50年代成为研究科学观主要思想源泉。其次，诠释学传统始终作为一个强有力的对立者，站在反自然主义的阵营，认为社会科学的方法和自然科学的方法是相异的，坚持对行动的理解在方法论上类似于对文本的诠释。这一观念的思想背景包括康德的自由意志观念、圣经诠释学、哈曼的非理性主义、根源于罗马法的行动的合法概念。[①] 当然还有马克斯·韦伯、塔尔科特·帕森斯等人试图走中间道路在方法论上开创的理想类型方法和功能分析方法，等等。把握如此繁杂的局面可以采取不同的线索，本书坚持自然主义的立场，同时发现无论哪一种立场，都把主要矛头对准方法论的异同。并且，关于方法论的争论都基于对自然科学方法论有一个共识，而这是由逻辑经验主义提

---

① 波特、罗斯：《剑桥科学史》第七卷，大象出版社2008年版，第57页。

供的。因此，本书接下来讨论对社会科学的界定，将从逻辑经验主义的科学观和社会科学观入手，展开分析反自然主义的批判路径。

第二节　逻辑经验主义的社会科学观

逻辑经验主义的自然主义观是方法论和认识论层面的，这是与他们拒斥形而上学的研究纲领相一致的。蒯因精辟地分析了逻辑经验主义的两个教条：分析与综合的区分和还原论。第一个教条坚持“在分析的，或以意义为根据而不依赖于事实的真理和综合的，或以事实为根据的真理之间的根本区别。还原论则相信每一个有意义的陈述都等值于某种以指称直接经验的词项为基础的逻辑构造”①。实际上，这些都可以归于他们的意义标准“可证实性原则”。

逻辑经验主义把形式科学与经验科学严格区分开来。前一种科学中的陈述是先天分析的，它们要么是重言式，要么就是矛盾式，其真假不依赖于经验；后一种科学中的陈述则是后天综合的，可以在经验的基础上判断其真假。除此之外，任何不属于上述几种类型的陈述都是没有意义的伪陈述。同样，那些旨在提供关于超经验的实在或实体的知识的形而上学主张，由于不符合可证实性原则，因此也被视为无意义的而抛入烈火中。可证实性原则是逻辑经验主义的意义标准，简单地说，就是一个命题的意义在于（逻辑上可能地）能够在经验中满足判断它为真的条件。

依据可证实性原则，逻辑经验主义将人类行为的意义问题转化为关于人类行为的陈述是否可以付诸检验，此处的检验指理论陈述原则上可以还原为观察陈述。而且，逻辑经验主义以物理学为科学的范本，主张通过可证实原则，所有科学都可以奠基于验证的逻辑，在方法论和认识论上达到统一。把这类观点运用于社会科学研究的最典型的代表是纽拉特（O. Neurath）、亨普尔和荷曼斯（G. C. Homans）。纽拉特旨在建立一套物理主义语言，而亨普尔和荷曼斯着重分析建立解释需满足的逻辑条件。

纽拉特是逻辑经验主义的创始人之一，他与卡尔纳普（R. Carnap）一起提出并发展了物理主义和统一科学的理论。纽拉特的统一科学的理论

---

①［美］蒯因：《从逻辑的观点看》，江天骥等译，上海译文出版社1987年版，第19页。

典型地代表了早期逻辑经验主义的主张，他们的目的是："摆脱形而上学的氛围，在所有领域通过逻辑分析促进科学研究工作。"① 而传统的社会科学不能像自然科学语言那样，为人类提供准确可靠的知识，纽拉特认为这是源于某种神学的残余②，将统一科学分解为对立的"自然科学"和"精神科学"，把社会科学归于精神科学范畴，在事件的关系之外谈论事件"背后"的"本质"，没有懂得科学的统一语言的真正意义在于"寻找出现在事件的物理主义描述之中的那些数量之间的相互关联"③。例如，我们不去问："在实在的现象中究竟有无思想和感觉？"而是问："在心理学或社会学假说中使用的概念（如思想、感觉）是否能避免精神方面的术语而以物理概念表达？"

因而需要改造哲学和社会科学，这种改造的最好方式就是用物理主义的语言。物理学在当时是科学的典范，它对事件的时空描述刚好是用逻辑和数学中的符号序列来表达的，而且纽拉特认为，科学的任务就是陈述与其他陈述或者陈述系统的比较，而不是考察陈述是否符合对实际世界的观察。在这种意义上，人、宗教、监狱、植物、河流等都可以依据物理学语言描述，快乐、悲伤、幸福都可以经验地甚至用与对时空中的物体的力学描述相似的方式来加以陈述，任何心理状态的表征原则上都可以还原为外部躯体行为的描述。因此物理语言是一种普遍的科学语言，一切属于科学的任何领域的语言，都可以等价地翻译成物理语言。

亨普尔和荷曼斯同样通过语言分析，探讨社会科学"科学化"的问题，但是他们换了一个角度，不讨论建立统一科学语言的条件，而讨论普遍命题与经验命题之间的逻辑关系，这主要反映在他们对社会科学解释的逻辑分析上。

亨普尔认为，社会科学解释模型和自然科学解释模型没有什么不同，都是覆盖律模型，要求解释中的陈述都具有经验内容且解释项中必然包括至少一条普遍规律或者似律陈述，同时解释项可以逻辑地推出被解释项（关于他的观点下一章将具体讨论）。荷曼斯也同意亨普尔的解释观，但是二者稍有区别，如表 1.1 所示。

---

① ［奥］奥托·纽拉特：《社会科学基础》，杨富斌译，华夏出版社 2000 年版，第 98 页。

② 同上书，第 113 页。

③ 同上书，第 111 页。

表 1.1　亨普尔和荷曼斯的解释观

	普遍命题	解释	社会科学的任务
亨普尔	普遍规律	逻辑句法演绎系统	预测和解释
荷曼斯	心理学命题	逻辑句法演绎系统	解释

亨普尔将解释中的普遍命题视为普遍规律或似律陈述，而荷曼斯则进一步认为社会科学的普遍命题一定是心理学命题。他的理由是，社会科学的主题都是与人类心理特征相关的①，而心理学命题是经过心理学家提出并做经验印证的，并且它们的命题都是有关独立的个人行为的命题②，所以提供社会科学用于解释的最普遍的命题是属于心理学范畴的命题③。在此，特别要注意的是，荷曼斯所说的心理学命题很大意义上指的是行为心理学命题，即描述刺激—反应之间关系的命题。他之所以冒着被同行讥笑的风险坚持这样的主张，还是因为他是实证的社会科学家，秉承的原则仍是可证实原则。从他对命题的分析到对解释的分析，始终在强调对检验的可操作性，而行为心理学是那时可操作性最强的心理学，虽然反对者众多，荷曼斯认为反对者没有提出一个更可操作的理论，因此不予接受。但这本身在社会科学中也是受争议的观点，而根据他的定义，行为心理学命题也并不具有对所有人类均适用的广泛性，其解释功能也是根据特定情况而定的，故而行为心理学命题还不是他所要求的普遍命题，理想与现实的差距使得荷曼斯下结论说普遍命题的本质是解释上的困难④。然而，他辨认普遍命题的标准是普遍性和解释功能，而又在对解释的阐释中用到普遍命题，犯了循环定义的错误。这样看来，亨普尔将普遍命题视为普遍规律的看法似乎相对来说可取一些，但是，社会科学中是否存在普遍规律，以及覆盖律模型的合理性也引起了大量的争论。(第三章将详述)

综上所述，逻辑经验主义的社会科学观主要有如下特征：

第一，避谈人的自由意志。对社会科学的分析主要在语言层面，对研

---

① 荷曼斯：《社会科学的本质》，杨念祖译，(台北) 桂冠新知图书公司 1991 年版，第 27 页。

② 同上书，第 31 页。

③ 同上书，第 33 页。

④ 同上书，第 81 页。

究报告作分析。"意义"主要局限在理论命题与观察命题的逻辑关系上，而没有论及人的自由意志。

第二，价值中立。研究者不对他的研究对象作价值判断，故能保持独立于理论地观察被研究对象。这保证了社会科学中有客观的、可重复的、可公共确认的经验证据，这些证据作为检验社会科学解释的基础，并且提供理论选择的标准。

第三，存在普遍规律。在社会科学领域中能概括和表述出具有经验内容的普遍规律，并且社会科学中的普遍规律正如自然科学中那样具有同样的职能。

第四，解释和预测。社会科学的主要任务和自然科学相同，也是发现规律以对社会现象作出解释和预测。

第三节　科学哲学内部对证实标准的批驳

逻辑经验主义衡量科学的证实标准已经在科学哲学内部受到批驳，主要在四个方面：

一、归纳问题

逻辑经验主义的证实标准最大的困难是归纳问题，即单个经验观察命题无法证实他所例示的普遍命题，但一个反例即可证明一个普遍陈述是假的。以波普尔（K. R. Popper）为首的证伪主义指出这一逻辑困难，他们认为，科学家不是从观察开始然后推出普遍理论，而是首先提出一个理论，作为一个最初的未被证实的假说，然后把这个假说的预测与观察事实相对比，看一下是否能经受住检验。如果这一检验证明是否定的，那么这个理论在实验上就被证伪了，科学家就得寻找新的理论；如果检验与理论相符，科学家就会继续坚持这一理论，直到它被证伪。因此，按照波普尔的观点，科学就是一系列的假说与反驳，可证伪性而不是可证实性成为科学的标准。按照这种证伪标准，不但科学与占星术、宗教等传统信仰体系区别开来，而且也把马克思学说、精神分析学等社会学分支排除在外。甚至有可能将物理学也排除在科学范畴之外，比如，牛顿力学也有遇到反例的时候，但是我们并不因为这样而认为牛顿力学不是科学的，而是通过调整辅助性假说，在错误的预测面前挽救牛顿力学。这说明，完全排斥归纳问题的做法也存在问题。

贝叶斯派则对归纳作了合理的解释，他们认为，我们的信念包括对科学理论的信念可以用程度来表示。这种相信程度符合概率计算原理，不同的人对同一问题具有不同的相信程度，但是根据贝叶斯定理，通过新的证据不断地修改相信程度，最终会达到一个一致的相信程度。这样，贝叶斯派不但提供了肯定性的实例给予我们相信科学普遍假说（理论）的理由，而且也没有排除科学中的主观因素。

二、观察渗透理论

汉森（H. R. Hansen）、库恩（T. Kuhn）、费耶阿本德（P. Feyerabend）等历史主义者否认科学家可以坚持价值中立的原则。他们认为，任何观察都依赖于科学家的理论背景。比如，在哥白尼之前和之后的科学家观察太阳时会看到不同的东西，哥白尼之前的科学家接受地心说，所以看到太阳绕着地球转，哥白尼之后的科学家接受日心说，所以看到地球在转动。相似的，对于一个非专业的观察者来说，只不过是一张印满彩色柱子的数据表；对于一个专业的经济学家，这张数据表可被看作展示了一个企业的资产收益情况。这些例子破坏了不可观察与可观察对象之间的区分，同时也动摇了观察证据对理论选择的权威性。观察数据并不构成一种无偏见的最高上诉法庭，这动摇了逻辑经验主义的立论根基。

三、范式

库恩对逻辑经验主义最致命的打击还在于其科学发展观的突破，因为他把科学的发展看作是常规科学（即学科在范式内部发展）和科学革命（即范式转换）交替发生的过程。常规科学是以使用相同的范式为特征的解谜活动，解谜活动最显著的特征在于它不能挑战范式中的基本信念。如果一个科学家不能把理论和证据协调起来，那么这是科学家的过失，而不是理论的过失。但是，当一个谜题不能解决并且被视为反例时，就可能出现危机，越来越多的科学家更加重视这个问题，并提出不同于原范式的解题方式，最终将会有一种新的范式取代原范式，把原范式中的反常变成新范式中的谜题。库恩在《科学革命的结构》中认为，新范式与旧范式之间是不可通约的，它们之间没有合理比较的共同基础。因此，普遍性是相对而言的，解释和预测也只是在常规科学时期的主要任务。在科学革命时期，由于需要对概念、词汇的意义进行格式塔转换，因此关注对意义的阐释，诠释学方法进入主要地位。故而自然科学中也具有诠释学基础，同时由于社会科学长期处于百家争鸣的状态，没有形成范式，所以它处于前范式时期，主要任务是诠释学的。（关于这一点第一章第四节还将详细分析）

四、规律的本质

普遍规律区别于偶适概括的到底是哪种必然性，是属性之间的恒常连接还是物理必然性，或者其他客观倾向，以及是否解释就一定包含规律？对于这些问题，萨尔蒙（W. C. Salmon）、波普尔（K. R. Popper）和费茨尔（J. H. Fetzer）等人结合逻辑经验主义的覆盖律解释，进行了批判性的分析。波普尔甚至认为社会科学中有关人的动机与意义的普遍规律是不存在的。覆盖律解释在社会科学中的运用是本书的核心部分之一，第三章我们专门讨论这个问题。

经过上述分析，至少我们可以看到逻辑经验主义的科学观本身是存在问题的，他们对观察、理论和事实之间的关系的讨论都有其局限性。因此，逻辑经验主义的社会科学观在现代科学哲学中也是无法立足的。然而，强调社会科学方法论不同于自然科学方法论的诠释学却大多取逻辑经验主义的立场，看待自然科学的方法论，这必然造成极端的主张。下面我们将一方面考察诠释学对逻辑经验主义在社会科学看法上的批判的合理成分，同时也要指出诠释学对自然科学的片面看法。

第四节 诠释学对逻辑经验主义社会科学观的批判

诠释学是关于理解意义的学问，它将意义作为根本的，把意义的重要性加入整个关于社会科学和社会本身的理论。诠释学起源于语言学和

《圣经》注释[①]，它作为一种人文科学[②]的方法论始于狄尔泰（W. Dilthey），狄尔泰在其《精神科学导论》（1883）中将意义视为生活和历史领域所特有的范畴，这些范畴使我们认识到，只有把生活看作一个整体，才能理解生活中个别事件的意义，但不包括外在于人类的任何事。[③]这个评论开阔了关于诠释学理解的讨论，它使历史社会领域从自然中分离出来。狄尔泰因此强调“解释”和“诠释”之间的区别，并把科学分为两类：一类为自然科学，另一类为精神科学，指出自然科学的研究方法是解释，精神科学的研究方法是与解释相对立的诠释。这种方法论二元论主要是反对孔德（A. Comte）和约翰·密尔（J. S. Mill）的实证主义方法论，也被文德尔班（W. Windelb）和李凯尔特（H. Rickert）有保留地、有修改地加以接受，以便为“个别化”的文化科学提供新康德主义的基础。通过新康德主义的中介，又加以进一步修改而被韦伯（M. Weber）接受为他的“理解社会学”的基础。韦伯认为社会科学家为了描述和解释，需要理解（verstehen），即理解、移情或直觉的概念与实践。[④] 但是20世纪20年代末，随着海德格尔的划时代著作《存在与时间》的出版，诠释学经历了一场从认识论到本体论的根本转向。恰恰由于哲学上这种激进化的结果，解释的现象学倾向于把整个科学领域让给当代分析的科学哲学去管辖。[⑤] 诠释对解释的论争再次复兴主要来自于后期维特根斯坦和英国日常语言学派的影响，主要代表人物是温奇（P. Winch）。诠释学内部也由于伽达默尔和利科（P. Ricoeur）对哲学诠释学的进一步发展，重新关注人文科学方法论。

诠释学认为社会科学的对象是有意义的行为，因此其研究方法论应该是诠释学，而不是解释。对逻辑经验主义的批判也主要从这两方面进行论

---

① 潘德荣、齐学栋：《诠释学的源与流》，《学习与探索》1995年第1期。

② 英美等国一般把科学分为自然科学、社会科学和人文科学三大类，社会科学也许比历史、文学和艺术等人文科学更接近于自然科学。在德国，科学分为自然科学和精神科学或文化科学两大类，德国学者一般认为社会科学和人文科学性质完全相同，属于精神科学之列。

③ Bunnin, N. 、TSUI - JAMESEP、燕宏远、韩民青主编：《当代英美哲学概论》，社会科学文献出版社2002年版，第504页。

④ 江天骥：《西方社会科学的两大传统和发展我国社会科学的途径》，载于中国社会科学杂志社、上海社会科学杂志社《当代社会科学研究新工具》1989年版，第76页。

⑤ 同上。

述。本节通过分析温奇和泰勒（C. Taylor）的论证，展示诠释学的批判理由。

一、温奇：遵循规则与社会科学的本质特征

温奇在他的《社会科学的观念》（The Idea of Social Science）中突出强调社会科学的逻辑与自然科学的逻辑之间的根本区别和不相容性，认为社会科学的本质特征在于对社会现象的合理性诠释与理解，关键是理解社会行动者在特定社会背景下是如何遵循规则的，而不是寻找休谟式的因果理论。

温奇的《社会科学的观念》一书于1958年出版，是维特根斯坦（L. Wittgenstein）在哲学史上引发革命的时代。温奇试图应用维特根斯坦的论点来阐明社会研究的本质，此书出版之后即引起一场有关社会科学的性质以及有关合理性的论战。当时，主流社会科学家不仅热衷于仿效自然科学的研究方法，而且相信社会科学和自然科学一样，旨在寻找人类行为的规律，描绘事件发生的因果关系，据以预测人类的行为，两种学科只是程度的不同，并非本质不同。温奇要批判的正是这种主流看法。他的论点有两条：第一条是社会科学的研究对象是有意义的行为，有意义的行为最重要的特质就是规则的遵循，考察是否遵循了规则需要看在特定的社会背景下别人可以原则上发现行动者所遵守的规则，而“原则上”并非经验的、逻辑的层面上可以表达的，它是一种内在关系，取决于那一社会背景下行动者共有的那些概念。因此，归根结底，对社会现象的研究是借助先验的概念分析，社会科学更接近于哲学，并非科学。第二条是研究者对有意义行为的研究所涉及的方法论是理解而不是寻求因果规律的解释。认为除非在解释的产物之外，另外存在着某种理解，否则任何解释都是不可能的。并且，只有理解有所欠缺之处，或至少被认为有不足时，才有必要进行解释。而要判断是否有所欠缺，必须依据某种标准：这种标准只能是某种我们业已拥有的理解。

（一）有意义的行为与遵循规则

温奇对有意义的行为的分析从对韦伯的批判入手。韦伯说：“‘行为’应该是一种人的举止（不管外在的或内在的举止，不为或容忍都一样），如果而且只有当行为者或行为者们用一种主观的意向与它联系的时候。‘社会的’行为应该是这样一种行为，根据行为者或行为者们所认为的行

为的意向，它关联着别人的举止，并在行为的过程中以此为取向。”[①] 并举例说，两个骑车的人相撞，纯粹是一个事件，如同一个自然界的事件一样。但是，如果他们试图躲开对方，并在相撞之后漫骂、殴打或者平心静气地协商就是社会行为。而一群人在开始下雨时同时撑开雨伞却只是行为而不是社会行为，因为撑伞仅关联天气以及撑伞者自己避免被雨淋湿的取向（或意图），并不与其他人的取向（意图）有关。[②] 总之，“韦伯所说的‘意义’是某种‘主观地被意向的’东西；他说有意义的行为观念与诸如动机、理由这样的观念联系紧密”[③]。

温奇反对这种区分，他要表明的是，所有有意义的行为必定都是社会的，因为它们只有在规则的支配下才可能是有意义的，而规则就预设了社会的背景。[④]

温奇的策略是语义上升的做法。他将人的行为是否具有主观意向的讨论放到语言层面上考察，他认为韦伯说行动者 N 做行为 A 有意义是因为出于某动机或某个理由 Q，但是我们不能确定 Q 是否是 N 做 A 的真正原因。不如换一个角度，问“我们说‘N 出于 Q 而做 A’是有意义的”需要满足什么条件。于是“N 出于 Q 而做 A”由一个事实问题转换成一个语言问题。

接下来，根据维特根斯坦的语言游戏观，温奇分析说要勾勒出一个行动者的动机，必然谈到在他的观念中，他如何认知别人对他的看法、他们过去的行为以及未来的行动，等等，而对这些关系的说明还要考虑到他所处的社会环境共有的观念（伦理规范与文化条件）。人类经过学习所处社会中主导生活的标准，而成为特定社会中的社会人。因此，我们必须在个人生活的社会环境中，才能理解其行为动机和原因。因此，韦伯的划分是不合适的，有意义的行为都是社会的行为。

进一步，温奇举例说明有些行为没有任何理由或动机，也是有意义的。例如，N 在大选中把票投给了工党，他不曾提出理由，甚至事后无论别人如何施压，他仍旧无法说出一个理由。假设他只是无异议地跟随他那

① ［德］韦伯：《经济与社会》，林荣远译，商务印书馆 2004 年版，第 40 页。

② 同上书，第 54 页。

③ Winch, P.. *The Idea of Social Science* (2nd) ［M］. London: Routledge, 1990, p. 45.

④ Ibid., p. 116.

一向支持工党的父亲和朋友。则 N 的行动虽然并非为了某个理由，他的行动仍然是在投票，是有意义的。[①] 区分 N 的行动是在投票而不是走一步棋或者参加一个宗教仪式的标准显然不是意向，那么是什么呢？说 N 的行动是在投票，在于对“投票”概念的理解，而理解一个概念在于学会或知道在特定生活形式中如何使用这个概念，也就是在特定生活形式中遵循使用这个概念的规则。相应的，对有意义的行为的理解也要知道在特定社会背景下，行为者所遵循的规则。因此，判断行动者的行为是不是有意义的，也就在于考察行动者是否遵循了他所在社会背景下的规则。也就是说，识别有意义的行为要将行为放入特定社会背景下考察，并熟悉在该社会背景下所遵循的规则。

据此，N 作出投票给工党的行动需要具备两个条件：一是 N 必须处在一个具有某种政治制度的社会，包括一个以特定方式组成的议会，以及一个和议会有特定关系的政府。如果 N 处于世袭制的社会中，则他的行动无论多么类似于代议制国家的投票者，说他在投票选一个政府都是没有意义的。二是 N 本身必须熟悉这些制度，他必须参与到这个国家的政治生活中，并且假定了他必须意识到他现在的行动与大选后即将掌权的政府之间所具有的符号性关联。[②]

但是，温奇将关于社会实在的本体论问题化为讨论理解社会概念如何可能的语言问题，这是有待商榷的做法。语言的限度不是世界的限度，概念和对象是不同的，支配谓词的使用的规则与支配谓词所指称的对象的规则是不同的。例如，挖的规则和谓词“挖”的使用规则是不一样的。而且，虽然有些规则在我们出生时就已经存在，但是规则并非一成不变的，规则是人定的，也可以由人修改、放弃甚至颠倒，人在社会生活中遵循规则也在社会生活中改变规则，我们如何界定包含上述因素的社会关系呢？也许需要反省，但是反省并非如温奇所认为的可以全部理解那些共有的观念，人类的理智是有限的，反省也无法完全厘清正义与邪恶，高尚与卑鄙。因此，将社会关系仅仅与对话交流作比或是与观念交流作比，都是过于简单化了。

我们注意到，在他的书的第二版序言中，温奇承认“所有有意义的

---

① Winch, P.. *The Idea of Social Science* (2nd) [M]. London: Routledge, 1990, p. 49.

② Ibid., p. 51.

行为都是受规则支配的”这一说法太过轻率。维特根斯坦已经表达过遵循规则并不能完全说明语言游戏，“并不是在任何地方都要由规则来作出约束的，正如网球赛中也没有什么规则规定球可以抛多高，或者球可以抛多重，但尽管如此网球仍然是一种游戏而且也有规则”[①]，而且，从《哲学研究》第81—87节可以看出，语言的使用并非处处都受规则约束，但是使用也有用对用错之别，这时规则就起到类似路标的作用。然而，语言游戏观首先强调的是语言的使用，而语言的使用是否正确，就需要看是否遵循了规则。在这个意义上看，遵循规则虽不能全面刻画社会关系，但当行动者选择依据规则行事的时候，知道如果不遵循规则，将会带来何种后果，这是他区别于自然对象的重要特征，在这一点上，温奇是正确的。

（二）理解与解释

温奇不但从遵循规则的地位上论述自然科学与社会科学的不同，还要表明研究人类行为的概念框架（scheme）和用于自然科学解释的框架类型完全是逻辑上不相容的。（这是因为自然科学的方法论论题是经验的，而社会科学的方法论论题是概念的）主要从原因与动机的区分以及理解与解释的区分详细分析了这种差异。温奇的靶子是密尔和韦伯。温奇打密尔主要是反对将社会科学中的原因和动机外在化，认为社会科学中不存在休谟式的因果关系，因此没有密尔所说的因果解释。温奇打韦伯在于否认对人类意义的研究能够导向客观现实，认为科学无法超越概念分析。

1. 密尔

上一节已讲过，密尔整个论证的目的是为社会科学作为一门科学作辩护，最关键的环节是定义“科学”，普遍规律是经济学或社会科学的科学性之体现，但此普遍规律只是描述了一种趋势，它是因果规律。

温奇的反驳正是从因果关系切入的，温奇认为，密尔所持的因果关系属于休谟式的因果模式，即：若A出现，恒常地跟随着B出现，则A是B的原因，B是A的结果。根据这种因果式普遍概括，可以由A出现，推出B将会出现；或者由B出现，推出是A的出现导致的。前者是预测，后者是解释。密尔认为，无论自然科学还是社会科学中，存在的因果关系都是这种休谟式的。行动者的动机与行动之间的关系也是如此，具有恒常规则性。

① ［奥］维特根斯坦：《哲学研究》，李步楼译，商务印书馆2002年版，第68节，第49页。

回到本章开头的例子，丈夫由于嫉妒杀了妻子，按照密尔的观点，嫉妒便恒常地联系着杀人，这显然是不对的。由于嫉妒产生的行为可以有很多种，如发奋努力向被嫉妒者学习，或者散布不利于被嫉妒者的谣言，或者什么都不做，等等。但是，如果将那个丈夫放入特定的社会语境中进行考量，说他由于嫉妒而作出了杀妻的行动，这是可以理解的。而这种可理解性建立在对该丈夫的个性的认识以及熟悉他看待社会局况（situation）所用的概念。前面温奇已经提到，掌握特定个人的动机，必须学习遵循这个人所在社会中的规则。所以，温奇认为密尔是不对的，原因和动机属于不同的范畴，自然科学解释依据的是通过经验观察建立的恒常规则性，是以休谟式因果概括为基础的，而包含动机的社会科学解释不属于因果解释，因为"'因果解释'指的是我们要解释什么——大致是说，某件事的来由和起因——而几乎没有谈到如何解释或有关这种解释看起来像是什么类型的问题"[①]，对行动与动机的理解则要学习行动者如何遵循规则，社会科学中的规则性要放入特定的社会背景中考察，涉及如何解释的问题。

温奇进一步指出自然科学的概念框架和社会科学的概念框架的不同。温奇同意自然科学的目标是发现自然现象的规律，建立因果理论，对自然现象作出解释和预测。在寻找规律的过程中，温奇认为，除了要考察研究者与观察对象的关系外，还要考虑研究者与他的同行科学家之间的关系。因为，科学家所研究的现象，在他们眼中是研究的一个对象，他观察它们，辨识到某种特征，这时研究者必须对这种特征有某种概念；要达到这个结果，他必须有能力依据规则来使用某种指称那些特征的符号。而掌握这些概念，必须像他的同行科学家们一样，参加相同的活动，以类似的方式学习过，彼此可以沟通，可以理解其他人的工作。于是，我们只有回到研究者和他的同行科学家共同参与的一个建制化活动形式中，才可以说他有能力应用和发展属于他的专业领域的概念。这类似于库恩的某些观点。

但是社会科学的研究对象是人，他不仅仅作为对象而被观察，还会与研究者彼此影响。温奇认为这不能用复杂程度来衡量与自然科学对象的不同，这是根本上的不同。由于社会科学家的研究对象和社会科学家一样也有自己的一套概念框架，也遵循一套规则，那么研究者与被研究者之间的关系就不是自然科学家与其观察对象之间的关系，而是类似于自然科学家

① Winch, P.. *The Idea of Social Science* (2nd) [M]. London: Routledge, 1990, p. 51.

与其同行科学家之间的参与关系①，这样，社会科学家要掌握的就是两套规则。更为重要的是，掌握如何遵循规则的目的并非为了建立因果理论，而是为了显示行为是有意义的，故而需要理解。可见，社会科学研究过程所涉及的问题是如何掌握概念的问题，而不是经验的问题。因此，温奇说社会科学方法论在本质上与自然科学不同。

然而，温奇所谓的自然科学中的因果概念和社会科学中的因果概念是否真的不可通约呢？温奇已经注意到科学家之间的建制化活动对科学研究的必要性，却没有库恩走得彻底，在考察科学家与研究对象之间的关系时也将科学家的活动纳入科学研究的范畴。科学家对自然现象的研究大多是通过可控实验，观察出变量之间的恒常规则性，从而得出因果普遍概括的。科学家和实验技术人员所做的建构实验环境和条件，以及控制实验因素的工作对于实验不可或缺，但是也被温奇忽略了，实际上规则性的表述是“在条件 x 下，只要有 A，则 B 恒常地跟随”，这种规则性离不开人类的干预，它也不是休谟式的经验规则性（现代大多在认识论层面上接受马奇（J. L. Mackie）对因果关系的概念，马奇认为，所谓一个事件的原因，并不是这个事件的充分条件 ，也不是这个事件的必要条件，而是这个事件的非必要的但充分的条件中的一个不充分的但必要的或非盈余的部分，简称 INUS（an insufficient but necessary part of a condition which is itself unnecessary but sufficient for the result）条件。而且，在实验的封闭环境下得出的规则性，往往在开放系统中同样适用，比如树叶即使往上飞，而不是直线下落，地球的万有引力也仍然对它起作用。这说明了什么呢？费茨尔②（Fetzer，1993）、巴斯卡③（Bhaskar，1998）和萨尔蒙④（W. Salmon，1998）等人认为这种规则性背后是以自然必然性为基础的。这再次表明，除经验现象的恒常联系外，某种东西必定在进行，密尔的因果概念刻画自然科学中的因果关系是存在问题的。那么，温奇仅凭密尔的因果概念不适用于刻画社会科学中的因果关系，不能得出自然科学中的因果概念和社会科学中的因果概念根本上不可互通。他最多只是驳斥了密尔的观点，

① Winch, P.. *The Idea of Social Science* (2nd) [M]. London: Routledge, 1990, p. 88.

② Fetzer, J. H.. *Philosophy of Science* [M]. New York: Paragon House, 1993.

③ Bhaskar, R.. *The Possibillity of Naturalism* (3rd) [M]. New York: Routledge, 1998.

④ Salmon, W. C.. *Causality and Explanation* [M]. New York, Oxford: Oxford University Press, 1998.

同时也说明他对自然科学的看法还未突破逻辑经验主义的层面。

2. 韦伯

对于韦伯，温奇一方面支持他的理解方法，另一方面又否认可以通过理想类型方法达到和实在做比较，最终达到对动机意义的因果解释。从而强调诠释学方法作为社会科学的方法论与作为自然科学方法论的解释的对立地位。

韦伯的理想类型首先必须是从有意义的文化事件抽象出来的，因而第一，它是一种思想图像；第二，它是研究者依据某种价值观念对文化对象理解后的观点的抽象。其次，它是一般概念而非特殊概念，那么它应是从一系列观点中抽象出来的思想图像，它不是哪个具体经验实在或哪些具体实在构成的集合。相反，“它具有纯粹理想的界限概念的意义，为了阐明实在的经验内容中某些有意义的成分，实在要用这种界限概念来衡量，并与之进行比较。这些概念是我们借以通过运用客观可能性的范畴构造各种联系的结构，而这种范畴判定我们指向实在而培养出来的想象是合适的”①。因而这种类型是理想的，其基本内涵是：为了认识复杂多变的现象，我们可以选择其中若干重要特征进行抽象，建构类型化的概念模型，以此作为整理和规范现象的认识工具②。这种类型不关心每一具体课题的独特性，但是却可以保证研究者在坚持价值中立的同时映射出具体事件的纯粹的逻辑形式，其功能就是与经验实在相比较，以便确定它的差异性或同一性，并且从因果性上对它们进行理解和说明，从而可以有效地理解和把握现实（不仅对研究者个人有效，而且对同样接受科学规范的其他人也有效）。在这个意义上，韦伯通过理想类型的方法使得主观性行动的研究成为客观的对纯逻辑的分析。

但是温奇指出，社会科学的观念根植于日常生活，社会行动者之间的关系只有通过这些观念才得以存在，反过来，这些观念也仅仅是在社会行动者彼此之间的关系中才得以存在。③ 韦伯理想类型的方法企图将社会关系从行动者的行为所体现的观念中剥离出来，这是不可能的。因此，韦伯试图融合诠释性理解与因果解释的理想类型方法是不成功的，理解与解释

---

① ［德］韦伯：《社会科学方法论》，韩水法译，中央编译出版社 2002 年版，第 43 页。

② 同上书，第 24 页。

③ Winch, P.. *The Idea of Social Science* (2nd) [M]. London: Routledge, 1990, p. 118.

运用的是两个不同的概念框架。无论是深入地理解还是诠释性理解所运用的那些概念，是必须被学得的，而且必须是在社会中建立的，而因果解释运用的概念是外在于被研究者的社会的。

温奇没有识别作用在社会生活中的不同类的规则，特别是在区分严格规则支配的社会行为和不严格支配的社会行为方面，后者不能完全通过该规则的框架得到解释，需要其他的解释模型作补充。[①] 故而，光从遵循规则出发讨论对有意义行为的理解本身就是有待商榷的，所以，即使他对韦伯的批评是正确的，我们也不能就此下结论说社会科学中只需要诠释学方法。

但是，温奇企图对社会科学研究方法论开出一条继承维特根斯坦的语言分析的进路，他倡导通过先验的概念分析探讨社会科学的本质，将语言的维度带入了社会科学方法论的视野，并强调在讨论社会科学中的普遍性问题、齐一性问题、原因与动机的关系，以及解释与理解的关系等问题时，都要放入特定的社会语境中考察，这给予我们看待社会科学方法论一个新的视角。

二、诠释与社会科学

（一）有意义的行为

韦伯将意义视为在行动者的意识心智中发生的事，它与行动者的意图、目的或动机以及行动者希望别人怎样解释他的行为等这些主观意向相关。温奇要表明意义不是韦伯说的这种，而是主体间性的意义。不是问 N 投票是为了什么动机，而是问 N 投票这个动作本身意指什么。这种意义依赖于行动者所在的特定社会环境下的公共规则，离开这个社会环境，规则就无任何意义，行为的意义也无从理解。但是泰勒（Charles Taylor）批评温奇，指出不能像温奇主张的那样，完全用被研究者的语言作出我们对其社会的系统性阐述。

泰勒认为，温奇说我们要参与到行动者所在的生活形式中，去理解行动者的概念框架和学习其语言游戏的规则，蕴涵的前提是：（1）社会诠释之语言，应当就是（或至少应当包括）行动者自身的语言；（2）行动

---

① Bhaskar, R.. *The Possibillity of Naturalism*（3rd）［M］. New York: Routledge, 1998, p. 143.

者的自我理解应当被视为不可修正的。但是这会使得社会科学变得不可能。因为如果这样，我们的参与会影响甚至改变行动者所处的语言游戏，或者当我们面对的是一个没有类似于我们的社会诠释之实践的原始社会的话，用这个社会的语言构造我们的诠释，几乎是不可能的。[①]

依泰勒的观点，社会科学是研究有意义的行为的科学，并且只有当行动者的行动与行动者对其所处境况的主观认识相一致时，行动才有意义。而诠释是澄清或使研究对象有意义，因此研究文本的诠释可以运用到社会科学中。诠释学对象有意义通常有三个条件：（1）它必须有含义（sense）或一致性（coherence）；（2）含义和其表达式必须可以分离；（3）含义必须是针对某个主体而言的。[②] 含义和表达式的区分不是物理的区分，而是说含义与它在特定指称者（signifiers）或载体的领域中的体现不是一回事，这保证同一含义有不同的表达式，使得暗含在被诠释项的表达中的意义更清楚的表达式成为可能。而泰勒认为条件（3）是自然科学的对象所没有的，因此自然科学的对象没有意义因素，这是社会科学与自然科学的主要不同之处。

然而，泰勒这个界定把社会科学的研究范畴缩小了。泰勒认为，“意义”的概念框定了诠释功能的领域。他虽然没有清楚地说社会科学唯一的或主要的任务是诠释社会制度、实践的意义，但是，他反对用标准的经验主义方法研究社会科学，认为功能主义或理性选择理论不能替换掉理解活动，而且如果依附于客观科学的话，就会失去理解。但是，除了诠释社会制度或实践的意义，社会科学还有其他重要的问题有待解决，比如功能分析进路、心理分析进路或考古学进路等，所涉及的问题未必属于诠释的范畴。

例如，人类学文献中，经血和行经中的妇女常常被诠释为代表着污秽的和危险的，男人必须避开它们以免受污染。但是，鲍尔斯（Marla N. Powers）却认为月经的这种标准负面形象是西方人类学家将他们的偏见加于非西方宗教文化的结果，她还给出了一个不同标准形象的在 Oglala 的美国印第安社会关于月经的诠释。她的这种诠释是一种功能研究，她认为月

---

① ［美］泰勒：《精神科学中的理解与阐释》，www. bigyi. net/discuss/w/wEnd. htm2005 - 8 - 29.

② Taylor，C.. Interpretation and the Science of Man［D］. 1971. in Klemke，E. D.. *Introductory Readings in the Philosophy of Science*［A］，1998：p. 118.

经的功能是“给一个反结构时期以结构”。她认为不但要考虑 Oglala 社会中月经禁忌的意义，还要考虑月经禁忌在 Oglala 社会中的功能。①

功能概念不必受文化中各成员的自我理解的影响，因此，它们在泰勒的意义上对于社会行动者是没有意义的。也就没有理由支持鲍尔斯将月经禁忌归于 Oglala 社会的功能对 Oglala 社会的成员有意义。但是，也没有先验的理由说她不能问月经禁忌的功能这类问题。

鲍尔斯假定把月经诠释为污秽的，对于西方社会是正确的。如果她是对的，那么我们会问西方社会和非西方社会之间的不同的基础是什么？如果月经禁忌仅仅在非西方社会具有某功能，那么它们是不是在西方社会具有另外的功能？如果是，会是如何？另外一个研究进路是关于月经禁忌对妇女的心理影响。比如，是否不同文化对于月经的态度会导致不同的结果？还有一个进路是追溯月经禁忌的历史起源的。比如，为什么它们以这种形式出现？为什么它们在西方社会和非西方社会如此不同？

上述进路都不能包括进泰勒的诠释学范畴，但是它们研究的问题却是人类学和社会学中经常遇见的问题，若是用泰勒的标准将它们全部逐出社会科学研究范畴似乎不合理。

（二）诠释与不确定性

泰勒认为诠释学方法恰恰是社会科学异于自然科学的地方，他认为自然秩序是独立于文化的，不依赖于人类主体的诠释，因而诠释学方法在自然科学中是没有位置的，我们可以形成一套统一的描述自然世界的概念系统，过去的和将来的任何自然科学语言都可以翻译成这套统一语言，据此我们可以对自然现象作出解释和预测。但是社会秩序是变动的，社会概念形成于它们所应用的世界，人除了是自然界的一部分外，还是自我规定的动物。随着自我规定的改变，人是什么也随着改变，于是对其理解所依据的语词也必定不同，但是人类历史中概念的变化能够并常常实际上产生了不可通约的概念网，这就是说，在这张网内，语词不能相对于一个共同的表达来规定。② 故而，我们没有理由认为我们自己现已掌握了最好的词汇

① Martin, M., McIntyre, L. C. (eds.). *Readings in the Philosophy of Social Science* [A]. London: the MIT Press, 1994, pp. 261 – 262.

② Taylor, C.. Interpretation and the Science of Man [A]. 1971. in Klemke, E. D. *Introductory Readings in the Philosophy of Science*, 1998, p. 125.

以表述那些将用以解释和预测一切其他精神的假设。所以，依据这种不确定性，在社会科学中根本不可能成功预测。所以，社会科学与自然科学的区分，在泰勒看来，在于我们在前者的研究领域对于手边是否有合适的词汇感到毫无把握，但在后者的研究领域则对此感到颇有把握，诠释与解释的区分，以及预测的成功与否体现了社会科学与自然科学的差异。

在诠释的科学中，对行动者行动的诠释一般是通过行动者的目的、期望、信念、情感等意愿特征，但是要系统地阐述行动者包含这些特征的行动，不但要能把握行动者如何使用这些意愿特征，若是行动者自己已经对自己的意向作了一番更具反思性的阐述的话，那么研究者还要去把握行动者在这种情况下所运用的东西。这就导致了两个难题：

其一，这些词不可能以一种毫无问题的方式而在主体间得到有效化。首先，行动者是否真是正义的或仁慈的，这本身就是一个引起无休止的争论的问题。其次，科学家本身也生活在特定的社会形式中，他辨识这些特征时还带着其预先形成的精神方面的条件，说其具有科学能力就不得不包括一些只能通过自己的拥有者才可以得到识别的性格与情感所具有的特定发展阶段。

其二，这些词是评估性的，而且是泰勒所谓的“强评估的”，它指这样一种情况：在推定中被认同的诸优点并没有被看成是由在事实上为我们所渴望的那些优点构成，而就是被看成是这种渴望行为自身的规范。即它们被看成是我们应当去渴望的那些优点，若是我们真的不渴望这些优点的话，那么我们就会把我们自己揭露为下劣的渣滓。[①]

上述两个问题之所以成为难题，是因为我们已经知道不能像温奇主张的那样，完全用被研究者的语言作出我们对其社会的系统性阐述，但是如果我们将被研究者的社会形式比照我们自己的社会形式进行研究，就有可能陷入歪曲的辉格式的解读方式之中。这种难题只要有提供意愿特征的地方就会存在，并且它又背离了科学论述的价值中立要求，使得科学知识是不确定的。

逻辑经验主义试图超越这种不确定性。它把知识的基础建立在无须进一步解读或评估的原始材料（brute datum）上，以此重建知识，依赖的是

① ［美］泰勒：《精神科学中的理解与阐释》，www. bigyi. net / discuss/w/w End. htm 2005－8－29.

归纳逻辑。但是依照泰勒的看法，社会科学的原始材料问题涉及人类思想和人类知识如何作用问题，至今都没有定论，而自然科学中原始材料的问题由于不涉及人的身心问题，所以身心问题不影响原始材料的基础地位。这也是自然科学与社会科学的不同之处。然而我们看到，科学哲学对逻辑经验主义的批判中，有关观察渗透理论、归纳问题都是自然科学哲学需要面对的问题，所以泰勒指出的这一点差异不足以成立。

功能主义者用社会实践的整体性的功能理论替代理解活动的企图也被泰勒否决了，因为泰勒认为理解行动者的意愿特征和其进行自我描述的语言是阐述行动者行动的基础，没有这种理解，根本无法认同被解释的是什么东西，也就无法谈社会实践的功能。更为重要的是，诠释学要揭示的人类行动的意义是针对主体的，区别于但又依赖于局况和行动，同时行动只有在生活形式的整体中才有意义，这些意义只有在诠释学循环①中得到理解。泰勒认为，若是将理解活动替换掉了，则我们无法说清我们解释了什么，也无法说清我们的理论究竟对社会实践的实际形式作出了多少解释。因此，解释不能取代这种诠释。

对于上述两个难题的解决，泰勒赞成的是类似于伽达默尔的视阈融合的观点。他认为，我们能由之而理解另一种社会的充分语言，并不是我们自己的关于理解的语言，也不是他们的，而是一种我们能称之为“关于清楚对比的语言”的东西。我们通过它，能将他们的与我们的生活方式系统地阐述为与一些人类非共通因素发生关系的某种可能性选择方案，这些人类非共通因素在各种生活形式中发挥作用。这些对比语言可能会将他们的理解语言在某些方面被歪曲之处与不充分之处展示给我们看，或者对我们自己的语言做类似的事情。② 据此，我们能理解他们与我们有关的实践活动。故泰勒认为，社会科学并非要寻找一个统一的框架，为解释和预

① 泰勒认为诠释学循环可以有两种说法（参见泰勒，1998 年，第 112 页）：一种是当别人不是很明白我们的解读方式时，我们试图表明我们的解读（reading）怎样使原始意义有意义，这就需要我们通过向他展示其他表达的解读表明为什么这个表达必须以我们建议的方式解读；同时，这也需要他对这些其他的表达的解读与我们一致。另外一种是根据部分—整体关系：我们要建立对整个文本的解读，我们就要诉诸对它的部分的解读；而由于我们理解某部分表达的意义只有联系其他部分的意义才行，也即某部分表达的解读依赖于其他部分表达的解读，最终依赖于整个文本的解读。

② ［美］泰勒：《精神科学中的理解与阐释》，www. bigyi. net/discuss/w/w End. htm 2005 - 8 - 29.

测社会现象奠定共同的基础，而是要理解被研究者的社会活动的意义。因此，社会科学是诠释学的事业。

但是泰勒的这种企图有点绝对化，比如他将因果性排除出社会科学也是存在争议的。马丁（M. Martin）认为社会科学中行动者的感情、期望、信念和目标等与行动之间的常识关系可与自然科学中对象与对象之间的因果关系相类比。他举例说，医学中理解冠状动脉血栓症的概念就要理解他的病原、症状和治疗方法，如果不了解冠状动脉血栓症是由动脉内壁的脂肪沉滞，阻塞动脉，导致的心脏缺氧和心绞痛，那么就无法理解冠状动脉血栓症、动脉壁硬化和心绞痛之间的概念联系，也就无法知道其意义。同样，如果不理解伤自尊的局况、羞耻感和行为倾向（disposition）之间的因果联系也就不能理解它们之间的概念联系。[①] 但是，因果关系本身就是一个模糊的概念，如果把它理解为休谟式的恒常联系，那么马丁的观点是受库恩批判的，和逻辑经验主义属于一类。如果把因果关系理解为某种先天的（a prior）必然性（比如说巴斯卡），也会由于没有一个实际可把握的判断是否具有因果关系的操作标准，而面临走向相对主义的威胁。关于因果性概念在常识关系中究竟扮演何种角色，本书后面还将讨论。但是，要驳斥马丁的看法也要给出正面的理由，至少我们不能轻易地下结论说社会科学不需要因果理论。

第五节　融和的趋势

温奇、泰勒两位诠释学的支持者均从社会科学的对象是有意义的行为出发，对狄尔泰所指的意义作了不同的拓展，试图表明诠释和理解是社会科学的主要或唯一方法，社会科学是诠释学的事业。但是两者共同的问题是在看待社会科学时过分强调意义的范畴，用逻辑经验主义的科学观看待自然科学，因此，两者即使在社会科学方法论领域指出了逻辑经验主义的缺陷，但是在社会科学与自然科学的差异上却没有得到如他们所预想的认同。库恩正是试图突破逻辑经验主义的科学观，又吸纳诠释学的观点，在

① Martin, M.. Taylor on Interpretation and the Science of Man [D]. 1994. in Martin, M., McIntyre, L. C. (eds.). *Readings in the Philosophy of Social Science* [A], 1994: p. 262.

历史主义的平台上比较社会科学与自然科学的不同。

库恩在1989年2月拉沙乐（LaSalle）大学的哲学专题讨论会上[①]宣读的（*The Natural and the Human Sciences*《自然科学与人文科学》[②]）一文中针对泰勒的区分，作出回应。认为自然科学也需要诠释学方法，不能简单地说自然科学中没有诠释学的地位。但是自然科学本身不是诠释学事业，自然科学由常规科学和科学革命构成，只有科学革命时期才需要范式转换。范式转换意味着诠释和理解自然的新方式，具有诠释学的基础，可是追求新的理解并非导致这种转换的研究者的自觉意愿。相反，诠释学却是社会科学研究的自觉目标。因此，仍然可以从诠释学的角度来区分这两种科学。

首先，库恩同意泰勒对社会科学的剖析，如不同文化的社会实践的差异源于概念的词汇表，社会概念形成于它们被运用的世界，概念被共同体所拥有，任何时候它们被大部分共同体成员共享，它们在共同体中从一代传递到下一代或接纳新成员扮演着重要的角色。新成员只有学会运用这些概念才会被共同体接受，这个过程离不开人类主体的诠释，因此揭示行为的意义要求诠释学的诠释，人文科学是以诠释为目标的。

但是，库恩对自然科学的看法不同于泰勒，他的观点主要有这样几个方面：

第一，自然科学也是以一定概念系统为基础的。概念系统是共同体所拥有的，而共同体因为语言或文化的不同，会导致概念上的差异。所以，自然科学和人文科学一样，它的概念词汇也会因为概念系统的不同而意义不一样。如现代人的“天体”概念和古希腊的“天体”概念是不同的。古希腊的“天体”概念分成三类：恒星、行星和流星。我们也是如此分类，但古希腊把太阳、月亮、木星、火星、土星、水星和金星归入行星一类。可见，古希腊的“天体”和现代的“天体”的不同源于概念系统的转变。

第二，自然科学家运用的概念系统是从他们的前辈那里继承来的。这

① Kuhn, T.. The Natural and the Human Science [D]. 1989. in Klemke, E. D.. *Introductory Readings in the Philosophy of Science* [A], 1998, p. 128.

② 库恩此篇论文针对的是泰勒的“*Interpretation and the Science of Man*”一文，而泰勒在该文中关注的是关于人的科学，故这里“人文科学”的范围包括本书谈及的“社会科学”。

套概念系统在某种意义上，类似于库恩的范式，是由科学家所在的共同体所共享的。无论是继承还是加入共同体，科学家都要通过训练，像历史学家和人类学家理解其他思维模式一样，运用诠释学方法。因此，自然科学概念也是历史的产物，是不独立于文化的。[①]

库恩认为，自然科学与人文科学一样也是有着“诠释学基础”的，即科学以一定的概念系统为基础，该概念系统是共同体所拥有的，它不独立于文化，任何一位科学家进行研究首先都要学会一套概念系统，这只有通过诠释学方法。但是，在常规科学时期，范式是固定的，不受怀疑的，也就是说，掌握概念系统的工作已经完成，这个时期，科学家的任务是基于这个概念系统去实验和推理，以发现事件背后的因果关联。既然如此，自然科学就可以通过下述方式与人文科学进行比较：“如果采纳了我描述自然科学的观点，要注意的是，自然科学家通常所做的是给定一个范式或诠释学基础，不是一般的诠释学。更确切地说，他们所用的范式是努力从老师那儿得来的，我曾称之为常规科学，即试图解谜的事业，如在该领域的最前沿，提高并拓展理论与实验之间的匹配。另一方面，社会科学则是诠释学的、不断反复的。在它们中很少会发生类似于自然科学的常规解难题研究。”[②] 按他的理解，在常规科学的研究中，作为“诠释学基础”的范式始终是被给定了的，它是使科学研究成为可能的前提条件，而不是研究的对象。相对的，库恩认为人文科学还处于百家争鸣的前范式阶段，它需要彻彻底底的诠释学的诠释，它的目标是理解行为。

通过上述比较，可见库恩根据其新的科学观，批判了自然科学中无须诠释学方法的看法，认为自然科学区别于社会科学的地方在于，自然科学有支持常规的解题研究的范式，而社会科学不存在范式或常规科学时期。那么，依照库恩的观点，社会科学无疑是诠释学事业，而且他也相信一旦社会科学由前范式阶段进入常规科学阶段，社会科学中也会有解释的。所以关键是看社会科学中能否建立范式。然而，范式概念本身具有很大的模糊性，库恩1962年后一直都在澄清和修正它，这里存在对范式概念的不同诠释问题。不管如何，库恩已经揭示出从诠释与解释的区分不足以说明

---

① Kuhn, T.. The Natural and the Human Science [A]. 1989. in Klemke, E. D.. *Introductory Readings in the Philosophy of Science*, 1998, pp. 131 - 132.

② Ibid., p. 132.

社会科学与自然科学的不同。

而且，库恩认为社会科学处于前范式阶段还是有一定道理的。纵观社会科学，历史上都一直处于多家学派共存、互相竞争的局面，就连公认的最精确的经济学领域也是这种状况。然而，前范式与常规科学之间的界限并非那么清晰，按照库恩的说法，科学以问题为导向，当相互竞争的学派中某个学派处于强势地位，专业科学家不用再为专业基础争论，并且它所关注的问题成为该专业领域的主攻难题时，那么就从前范式进入常规科学阶段。社会科学也会有某个学派占主流地位的局面，一般有两方面的促成因素：一个来自学科内部，以问题为先导，自我完善、自我修补；另一个来自外部政治和社会的利益与暴力的压力。社会科学两方面的因素俱有，而库恩考虑的多是前一种因素，而在民主社会，即使某一学派切合政治需要而占主流，但是其他非主流的学派并不会就此隐退，它仍然在自我完善，持非主流观点的研究者也不会由于不接受主流学派的基本观点而被踢出科学家的行列。所以，社会因素造成的主流学派局面往往同时具有范式和前范式的特征，按照库恩的划分，还是属于前范式阶段。比如：

历史上，威廉·配第（W. Petty）的自由主义战胜重商主义和干预主义及强调国家利益的其他流派观点的时候，其本身所具有的经验内容并不比重商主义多，但它符合那个时代古典自由主义、个人主义的价值观和社会时尚，并且对于日益兴起的民间中小工商企业有洞察力、预见力，后来的新古典学派不过是沿着此种方向不断进行专业化、具体化、深化的工作。

到20世纪30年代的经济大危机时期，自由主义在解决现实问题上，在特定的时期和状态下面临着严重的挑战和困难，并且经济学的基本使命并不是直接解决、解释现实的失业和产品市场营销问题、企业经营对策问题等。但是自由主义在市场一般均衡、价格机制、产量、福利最大化上的判断和原理方面并没有失效，在此方面所积累的经验证据远远要比在市场供求失衡时所面对的不利证据多得多，但是经济学家直觉并且洞察到，在这个特定的时期和状态下，凯恩斯主义的国家干预主义无论对于解决现实问题，还是修改古典和新古典经济学的基本原理所进行的学术创新都是极有前途的。他们认为，选择一个经验证据和可解释的经验事实相对较少，但却符合时代情景和特定环境的国家干预主义将是有收益或收益较大的选择。从此以后，凯恩斯（J. Keynes）的国家干预主义不仅成为官方经济学和政策指南，也成为经济学理论的主流范式和框架。然而，即使在今天，弗里德曼（M. Friedman）还是坚持认为，20 世纪 30 年代的大危机本来不会酿成为大危机，只是一次衰退，而是政府错误地选择了财政和公共支出政策放弃了修复货币供给机制去应对当时的通货紧缩的政府宏观政策所致。他认为，大危机并不是自由主义的不利证据。

到了 20 世纪 70 年代，弗里德曼自由主义取代凯恩斯国家干预主义时，同样存在着经济证据的不对称性优势。弗里德曼的自由主义借以反对和挑战凯恩斯国家干预主义的最有力的证据就是国民经济运行中的增长率停滞和通货膨胀并存的滞胀现象。但这时的凯恩斯主义已经非同 1936 年其领袖和创始人凯恩斯发表《就业、利息和货币通论》的情景，它经过萨缪尔森（P. A. Samuelson）等人的数理化、长期动态化工作及对于市场理论、货币理论、工资理论、需求理论、国民收入决定与就业理论的创新发展，又经过罗宾逊夫人（J. Rabinson）和张伯伦（B. Chamberlain）的不完全市场竞争理论、价值理论、分配理论的发展，已经积累了许多经济经验证据，有雄厚的经验基础资源。单从经验证据和范围的数量来看，干预主义并不比自由主义少，但是加盟和相信或对于自由主义范式有良好前景预期的经济学家们认为，自由主义符合目前的经济情景，选择自由主义的工作框架可以获得更多的学术创新收益和社会经济政策业绩。因此，部分经济学家这时可能受到社会价值观的暗示，开始模仿互动、传播、影响并且转向选择已经在 20 世纪 30 年代存在，并且一直进行持续研究的弗里德曼的自由主义和货币主义。

可见，经济学中竞争学派之间的跌宕起伏确实很少存在物理学那样的大一统局面，但是它也存在类似于自然科学中的常规科学时期，比如在新古典学派占主流地位时，经过萨缪尔森、希克斯（J. Hicks）、汉森（H. R. Hansen）等人严格的数学分析后，宏观经济学和微观经济学达到了（有限的）一致。经济学都走上了一条数量化（模型化）和计量化（参数检验）之路，对经济变量关系进行推导，建立数学方程，求解并进行经济解释、预测和验证成为当时主流经济学家的常规性工作。宏观经济学的前沿研究取得了众多进展，许多理论成果转化为政府政策设计，显示出了良好的政策绩效，并在一定意义上构成了对于其原理的证实与检验。这也表明，社会科学家发现规范的解惑研究的范式也是可能的，社会科学并非一定限制于诠释学事业。总之，对于社会科学与自然科学的区分，库恩的说法比前人更合理，他指出了不可简单地根据诠释与解释来区分，也不可以实证主义或者逻辑经验主义的科学观为区分的标准。后来，社会科学中的建构论和批判实在论都是接受了库恩的这种分析。

但是，库恩对社会科学的本质特征的解读主要还是在于批判传统自然科学观，将社会科学观建立在一个新的平台上，他从正面解说社会科学异于自然科学的特征似乎比较少。他也承认自己对社会科学了解不够深入，所以基本上没有反驳泰勒对社会科学是诠释学事业的说法，也就是说，社会科学的目标在于理解人类行动的意义。从上一节我们看到，泰勒的这个说法也是有问题的。

第六节　结语

综上所述，无论是逻辑经验主义、诠释学还是库恩及其后的建构论、批判实在论，对社会科学不同于自然科学的本质的探讨最终都是集中在对人类行动的意义的理解上，也就是对行动者的主观意愿与行动之间的关系，以及如何理解行动者的主观意愿上。逻辑经验主义将意义上升到语言—逻辑层面，通过将主观意愿外在化，以经验作为科学的基础，来避免谈论人的自由意志。诠释论的不同在于否认主观意愿的外在化，因此着重于分析有意义的行为的“意义”如何不同于逻辑经验主义语言—逻辑层面的“意义”。

我们已经看到温奇、泰勒的努力也是相对的，如果局限在他们设定的意义范畴内不扩大到整个社会科学领域，都在一定程度上说明了社会科学与自然科学的差异。而库恩给诠释学方法在自然科学中的存在开放了一个视角，库恩承认社会科学的目标是诠释意义的同时，又否定诠释学所谓的意义是社会科学范畴独有的；他不但批判了逻辑经验主义没有考虑历史的维度，也批评诠释学片面强调历史维度在社会科学中的独特性。他从归纳问题、观察渗透理论以及解释的主体间性等方面批判了逻辑经验主义的科学观，在他的历史主义科学观平台上，解释与诠释不再可能作为区分社会科学与自然科学的标准。经过库恩的批判，逻辑经验主义和诠释学的局限性都显露出来了。

社会科学是继承性的，社会科学的每一个成果往往体现出对其前辈及其理论的继承和发扬，从上面经济学的历史中我们已经看到了这一点。严格按照库恩 1970 年提出的不可通约性来理解，我们很难说社会科学中也存在范式。然而，范式的力量和对先前理论的颠覆作用也同样表现在社会科学领域。社会科学家对范式理论充满了热情，但是又无法直接借用范式理论。为了使范式概念能够在社会学中更为灵活地使用，瑞泽尔（G. Ritzer）提出可以在三种意义上使用“范式”的概念：（1）用来区分科学家共同体或干脆用来区分不同学科，如物理学和化学，或社会学与心理学。（2）某一学科领域中不同的发展阶段，如 18 世纪时的物理学和 20 世纪初期的物理学。（3）同一时期、同一领域内的亚科学家共同体，如心理学中的精神分析，在同一时期就有弗洛伊德（S. Freuyd）、荣格（C. G. Jung）、阿德勒（A. Adler）和霍妮（K. Horney）等不同的范式，在社会学和大多数其他学科也是如此。瑞泽尔并且认为，在这三个层面的范式变式中，最后一种是最为普遍也最为有效的。由此，“范式是存在于某个科学论域内关于研究对象的基本意向。它可以用来界定什么应该被研究、什么问题应该被提出、如何对问题进行质疑以及在解释我们获得的答案时该遵循什么样的规则。范式是一科学领域内获得最广泛共识的单位，我们可以用其来区分不同的科学家共同体或亚共同体。它能够将存在于一科学中的不同范例、理论、方法和工具加以归纳、定义并相互联系起来”。①

基于上述认识，社会科学可以被认为是一种多重范式的科学。这种变通的优势非常明显，一方面我们可以将社会科学纳入科学的范畴，而根据库恩的范式理论只能将社会科学定性为前科学阶段。另一方面，社会科学的多重范式正是与自然科学的差异所在，几乎每一具体的社会科学都同时存在好几个范式，它们百家争鸣，但又不是非此即彼的，往往在获得某一向度的纵深感的同时，失去对其他向度的深入洞悉。

现在我们重新看待社会科学的本质特征，实际上社会科学具有两个方面的特征：一方面，社会科学是社会的，它所研究的现象是意向性现象，故必须根据它们的意义来识别；另一方面，社会科学是科学的，它试图发展系统的理论去解释隐含于不同现象之间的因果联系。自然主义和反自然主义分别只强调了其中一个方面。在承认上述特征的前提下，我们可以说

① 转自周晓虹《西方社会学历史与体系》，上海人民出版社 2002 年版，第 28—29 页。

社会科学不同于自然科学来自于社会的特征，反自然主义的看法在这个层面上是有道理的，社会科学特殊性来自于：（1）人的自由意志；（2）研究者与被研究者的互动；（3）诠释学循环。人是有理性，有道德，具有自由意志的；他们不会固守着某一特定的规则，他们会不断地修改原有的计划，甚至毫无道理地放弃它。自由意志是作为认识与行动的主体的人们的理性的一种能力，由于这种能力，行动者具有某种主观意愿并非一定会采取相应的行动，因为达其主观意愿的手段或过程受社会规则的约束，行动者知道不遵循规则将会带来何种后果，他有自由选择采取这种行动或那种行动，它是人类区别于动物的主要特征，也是诠释学要把行动者的主观意愿（意向）作为主要研究对象的原因。而理解行动者的主观意愿涉及两方面，一方面是诠释学循环，行动者的主观意愿只有联系其生活的社会制度、他所处社会环境中的共有观念，才能被理解，而理解社会制度和共同观念又离不开对这些置于其中的行动者们的活动的理解。另一方面，如温奇所言，研究者和被研究者的关系不像自然科学中研究者与研究对象的关系，而类似于研究者和其同行之间的关系，研究者研究被研究者时会渗入自己的概念系统，从而影响被研究者的概念系统。同时，被研究者也具有反思的能力，当研究者的概念系统影响他们本身的概念系统时，实际上他们也在获取研究者的信息，这就难免影响了研究客体，不能代表正常状态下被研究者的行为规律，严重影响了社会科学研究中资料的客观性与理论预测的准确性。温奇、泰勒强调的这些差异，如果局限在他们设定的意义范畴内不扩大到整个社会科学领域，都在一定程度上说明了社会科学与自然科学的差异。

但不能忘记社会科学作为科学的一面，这些表现不能绝对地说自然科学和社会科学需要完全不同的方法论，不同范式的共同存在使得社会科学的知识旨趣也不应是只有一种。德国著名哲学家阿佩尔（K. O. Apel）就曾断言（人文）：社会科学中有两个不同但互补的“认知旨趣”①：“1. 由一种以自然规律之洞见为基础的技术实践的必然性所决定的认知旨趣；2. 由具有伦理意义的社会实践之必然性决定的认知旨趣。”不同的认知旨趣是相互补充的，社会科学也不一定被限定在诠释学的范围内，实际研究中

① ［德］阿佩尔：《哲学的转变》，孙周兴、陆兴华译，上海译文出版社 1997 年版，第 71 页。

也出现了试图融合解释与诠释的努力，但是不能一倡导两种方法论的融合，就力图取消它们之间的一切差异，否则就会出现用自然科学方法统合社会科学或用诠释学消解自然科学方法在社会科学中的地位的极端化错误。通俗地说，就是有一个自然科学方法和诠释学不能相互取代的问题。如同我们日常生活所见：从解释的角度来分析，泪水无非是水和盐的混合，但从诠释的角度去看，泪水所包含的远远不只是这点东西。单凭物理学或化学是不能解释有关价值、意义和其他一些主观现象的。同理，用雄性生来具有攻击性和对配偶的控制欲这样的生物学规律来描述男子的杀妻行为又有什么用呢？人既然有自由意志，他的行动是他自己自由决定、自由选择的，不是被什么东西强迫的，于是他就应该对他自己的行为负有道德的责任。把人等同于其他生物或者机器的研究方法都是不能令人满意的，只有诠释才使得人的主观意义呈现在我们面前。因此，在解释和诠释融合的趋势下，强调社会科学中诠释与解释的限度是非常有必要的，只有这种既主动寻求融合又不在不可融合的地方“强求”融合，才可能有一种恰如其分的融合。

本书的意义也就体现在此，下面几章将以社会科学解释为主题，讨论解释与诠释之争的现代可解决的限度。

【文献综述】

有关社会科学的学科制度化创建，在众多资料中，我选择了古本根重建社会科学委员会的《开放社会科学：重建社会科学报告书》（1997）、波特和罗斯主编的《剑桥科学史》（第七卷）（2008）、托马斯·汉金斯著的《科学与启蒙运动》（2000）、罗杰·史密斯（Roger Smith）的 *The Norton History of the Human Science*（1997）以及周晓虹的《西方社会学历史与体系》（2002）。社会科学解释如何在社会科学发展历史上成为重要问题的线索除上述文献外，还来自下列文献：詹姆斯·博曼的《社会科学的新哲学》（2006）、牛顿－史密斯主编的《科学哲学指南》（2006）和 N. Bunnin 、E. P. Tsui－James、燕宏远、韩民青主编的《当代英美哲学概论》（2002）。

逻辑经验主义对社会科学的本质的理解有两方面的资料，正面的资料有纽拉特的《社会科学基础》（1999）、亨普尔的数篇文章、荷曼斯的

《社会科学的本质》(1997) 以及鲁德纳的《社会科学哲学》(1988)。反面的资料主要有胡塞尔的《欧洲科学危机和超验现象学》(1988) 和库恩的《必要的张力》(2004)。

纽拉特是逻辑经验主义的创始人之一，他是维也纳学派中的社会科学家，他于 1930 年发表的《社会科学基础》一书体现了早期逻辑经验主义对社会科学的本质的看法。该书认为社会科学乃至所有科学都包容在宇宙史学中，其语言是物理语言。因此社会科学之所以可能的条件是，其中的术语都是物理语言或可以翻译为物理语言。又由于纽拉特坚持拒斥形而上学的立场，他抛弃传统，把真理解为陈述与实际观察的符合，而将检验看作陈述与陈述或陈述系统之间的比较，同时他提到科学的开放性，认为各学科的陈述是相互交织在一起的，因此所有科学都是一个整体，社会科学甚至自然科学是一个学科群。该书提供了统一科学观的第一个版本。另外李侠的文章《简评纽拉特博士的科学主义理论和实践》系统地阐述了纽拉特的科学主义主张以及其批评者的主要观点。

克力姆克等编的《科学哲学》(*Philosophy of Science*) 第六章收录了亨普尔的看法，同时，第一章收集了泰勒、麦克勒普、费伊和穆恩 (Machlup、Fay and Moon) 关于社会科学本质的不同看法。泰勒坚持社会科学的主题与自然科学完全不同，它的任务是诠释意义而不是解释和预测现象。麦克勒普、费伊和穆恩则通过提炼科学的核心特征，将之在社会科学中逐一比较，最后得出结论。

荷曼斯于 1965 年的演讲题材《社会科学的本质》清楚地阐述了他的实证社会科学观。他通过语言分析，探讨社会科学“科学化”及社会科学解释的本质等问题，同样企图阐明社会科学可以归纳成一门科学。他对社会科学解释的看法，也赞同亨普尔的观点，在本书中他还指出了解释上的五种困难，这些困难为本书的论证进一步研究提供了方向。

鲁德纳 1966 年的《社会科学哲学》一书则简明扼要地总结了逻辑经验主义讨论社会科学哲学问题的几个概念运用上的区分：(1) 方法和技术；(2) 发现的范围和证明的范围；(3) 作为过程的科学和作为结果的科学。这些区分为我们突破逻辑经验主义，批判和修正统一科学观奠定了平台。

反自然主义反驳逻辑经验主义的社会科学观，本书参考的文献主要集中在彼得·温奇 (Peter Winch) 的著作 *The Idea of Social Science* (2nd ed.，1990)、1994 年出版的迈克尔·马丁和李·C. 麦金太尔（Michael Martin and Lee C. McIntyre）主编的 *Readings in the Philosophy of Social Science* 中第三章，以及查尔斯·泰勒（Charles Taylor）的两篇文章 "Interpretation and the Science of Man" 和《精神科学中的理解与阐释》，它们分别载于 E. D. 克力姆克（Klemke）等编辑的《科学哲学》（*Philosophy of Science*）（1998）和 www. bigyi. net/discuss/w/wEnd. htm（2005 年 8 月 29 日）。

有助于对反自然主义和自然主义的评价的文献主义来自迈克尔·马丁的 "Taylor on Interpretation and the Science of Man"（收于迈克尔·马丁和李·C. 麦金太尔，1994），以及库恩（Kuhn）于 1989 年宣读的 "The Natural and the Human Science"（收于克力姆克，1998）

作为哲学背景资料的文献主要有：洪谦的《逻辑经验主义》（1982）、涂纪亮的《分析哲学及其在美国的发展》（1984）、江天骥的文章《西方社会科学的两大传统和发展我国社会科学的途径》，载于《当代社会科学研究新工具》（1989）、金吾伦的《库恩和泰勒关于自然科学与人文科学之区别的争论》（1993）以及金先生和王维合著的文章《关于人文—社会科学与自然科学相统合的问题》（2001）。

第二章　科学解释经典模型及其困境

讨论社会科学解释的前提，除了需要对社会科学的界定有个把握之外，还需要对科学解释观有个清晰的认识。亨普尔是20世纪最有影响的科学哲学家之一，他几乎最完善地阐述了逻辑经验主义的立场，尤其是他与奥本海姆所建立的科学解释模型（D—N模型）堪称科学解释的典范，以至于哲学界一般把他们的D—N模型和亨普尔后来提出的I—S模型这两个模型称为科学解释的经典模型。社会科学哲学中，关于社会科学中是否存在解释以及社会科学的解释应是怎样等问题的争论，也大多以亨普尔的解释模型为靶。因此，本章和下一章的目标是，介绍和分析科学解释经典模型及其在社会科学中的运用，以期理清当今自然主义所面对的疑难关键之所在，从而寻找为自然主义辩护的新途径。本章主要讨论科学解释经典模型及其遇到的困境，并考察几个替代模型的合理性。

第一节　科学解释经典模型：覆盖律解释模型

亨普尔认为，科学解释就是运用科学规律，对现象进行论证和解释，来回答提出的为什么问题。他这一思想也称为覆盖律解释思想，因此亨普尔的科学解释模型也常常被称为覆盖律解释模型。亨普尔的覆盖律解释思想虽然在1942年“The Function of General Laws in History”《普遍规律在历史中的作用》[①] 一文中已有体现，但是覆盖律模型得到详细而严密的讨论则开始于1948年与奥本海姆（Paul Oppenheim）的合作文章“Studies in the Logic of Explanation”，即演绎—律则（Deductive - Nomological）解

① Hempel, C. G.. *Aspects of Scientific Explanation and Other Essays in the Philosophy of Science* [A]. New York: The Free Press, pp. 231 - 244.

释模型，简称 D—N 模型。随后，亨普尔进一步补充了 I—S（Inductive - Statistical）模型和 D—S（Deductive - Statistical）模型（1962；1963）。关于这三者尤其是前两者在社会科学中的应用，亨普尔随后也有多篇文章论述（1962；1963；等）[①]。D—N 模型和 I—S 模型被科学哲学界誉为经典解释模型，影响非常大。特别是 D—N 模型，强调科学规律在解释中的作用和逻辑严格的论证，从对具体现象的解释到对经验规律的解释，再到对理论规律和理论还原的解释，都给出了一个统一的说明。它充分体现了早期逻辑经验主义的"统一科学"纲领。

一、科学解释的 D—N 模型

覆盖律解释模型中的 D—N 模型是一个里程碑式的工作，"它是一个源头，后来有关科学解释的哲学工作都直接或间接地源自于它"[②]。以下是 D—N 模型的结构（见图 2.1）：

	L_1，L_2，…，L_n（普遍规律）	}	解释项
（D—N）	C_1，C_2，…，C_n（先行条件）		
	E		被解释项

图 2.1 D—N 模型

C_1，C_2，…，C_n 作为先行条件，与普遍规律 L_1，L_2，…，L_n 共同组成解释项，而 E 作为待解释的经验现象的描述，称为被解释项。解释项与被解释项之间是逻辑演绎的关系。单线分隔表示解释项在逻辑上蕴涵被解释项语句。其中，"E"、"C" 代表事件的各种类型、性质或特征，而不是代表独特事件本身，独一无二的事件则不管在哪个方面，只要它是独一无二的，那就根本不能被解释。因为现象是复杂的，它具有无限的属性，我们所能解释的只是现象的语言描述。亨普尔将普遍规律设想为是对下面这种规则性的认定：在一特定种类的事件 C 于某时某地发生的每一

① "Logical Positivism and the Social Sciences" 1963; "Explanation in Science and in History" 1963; "Reasons and Covering Laws in Historical Explanation" 1963; "Rational Action" 1962.

② Salmon, W. C.. Four Decades of Scientific Explanation [A]. in Kitcher P., Salmon W. C. (eds.). *Scientific Explanation*, 1989, p. 8.

种情况下，一个特定种类的事件 E 就会于某时某地发生，并以特定的方式与前一事件发生的地点和时间相联系。[①] 故说某一事件为某种“D—N 律”或某组“D—N 律”“L”所推导出来的，仅仅意味着该事件与 L 推导出的事例类具有相同的性质。被解释事件与作为其原因的初始条件之间的联系就是在解释时所依据的普遍规律，而这些规律只有经过经验的确证才能得到一个科学解释。

因此，D—N 模型要符合两组条件才能称得上真正的科学解释：

一组是逻辑的：

R_1. 被解释项必须是解释项的逻辑结果。换言之，被解释项必须能够从解释项所包含的信息中逻辑的演绎出来，否则解释项不足以解释被解释项；

R_2. 解释项必须包含（至少一个）普遍规律，而且这些规律是推导被解释项时所必需的；

R_3. 解释项必须具有经验内容，即它必须至少原则上可由实验或观察来检验。

另一组是经验的：

R_4. 组成解释项的语句必须为真。[②]

R_1 是为了保证被解释项和解释项之间的相关性是必然的，而不是偶然的。因为从解释项能够演绎的推出被解释项，那么当解释项为真时，被解释项也为真。此处的“真”指的是可以被所有相关经验证据极高的确证。R_2 指出必须有普遍规律，是为了确保解释项产生被解释项是可以重复的，因而有规律性。R_3 本身已经可由 R_1 推出，但是为了针对某些诉诸动机的目的论解释尤其是活力论解释而特别指出。这些解释观点认为，对特定事件的解释依赖的是动机而不是普遍规律，动机不能由观察、实验或其他经验数据所确证或否证，故而不满足亨普尔所要求的科学解释之条件。R_4 是成问题的，它代表了逻辑经验主义的意义标准：可检验性，第一章已经分析过这种要求的不合理处。而且，它也引入了归纳问题。D—N 模型既适于对规律的 D—N 解释，也适于对区别于规律的特殊事件的

① ［美］亨普尔：《普遍规律在历史中的作用》，《哲学译丛》1987 年第 4 期。

② Hempel, C. G.. *Aspects of Scientific Explanation and Other Essays in the Philosophy of Science* ［A］. New York: The Free Press, pp. 247 – 248.

D—N 解释，但是它一般着重于后者。（亨普尔和奥本海姆在文章注 33 中指出由于前者关系到建立明确的标准来区分解释的层次以及比较概括性语句的综合性程度，这是十分困难的）实际上这个困难也可归之于亨普尔将科学解释看作纯粹的逻辑过程，他将科学理论作为高度概括的规律，也恰恰揭示了覆盖律模型并不具有绝对的独立性，它本质上依赖于对规律背后的关系的进一步追问。这一点为萨尔蒙等人重开本体论之路奠定了基础。

二、科学解释的统计模型

在 D—N 模型的基础上，亨普尔为了处理科学研究中的概率解释，1962 年又提出了“归纳—统计模型”即 I—S 模型。其形式可以写成图 2.2。

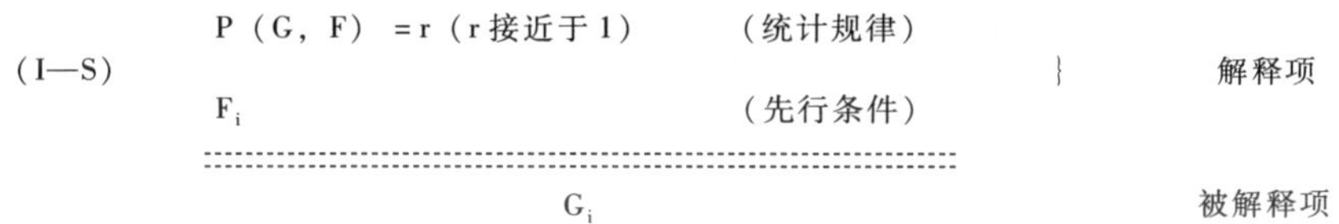

图 2.2　I—S 模型

例如，小王接触了非典型肺炎（SARS）患者，这是先行条件。接触了 SARS 患者的人不一定也得 SARS，但是会有很高的概率（如 90%）得 SARS。所以这是一个统计规律：接触了 SARS 患者的人有 90% 的可能性得 SARS。先行条件和统计规律的合取对被解释项“小王得了 SARS”有很高程度的支持，因此解释项解释了被解释项。在该例中，解释陈述为真，而被解释陈述为假是完全可能的。解释项并不具有“演绎的确定性”，而只有接近的确定性或高度的或然性。所以，在 I—S 模型中用双线表示“前提”使“结论”具有或大或小的概率，以区别于 D—N 模型中用单线表示前提合乎逻辑地蕴涵着结论。

在上例中，从先行条件和统计规律中可以逻辑地推出“小张有 90% 的概率患 SARS”。对于这样的推论，亨普尔称之为“演绎—统计模型”即 D—S 模型。它的逻辑形式如图 2.3 所示。

$$
\text{(D—S)}\quad \frac{\begin{array}{ll} F_i & \text{(先行条件)} \\ P(G,F)=r\ (r\text{接近于}1) & \text{(统计规律)} \end{array}}{P(G_i)=r} \quad \begin{array}{l} \text{解释项} \\ \text{被解释项} \end{array}
$$

图 2.3　D—S 模型

但是 D—S 模型只解释某类事件或某个事件的属性或特征发生的概率，而不是某类确定的事件、属性或特征，因此亨普尔更多地关注 D—N 模型和 I—S 模型。

I—S 模型成为解释模型也必须满足逻辑条件和经验条件。逻辑条件为：

P_1. 被解释项必须有很高的或然性从解释项得出；

P_2. 解释项必须至少有一个统计规律，它对于推导被解释项是必要的；

P_3. 解释项必须具有经验内容，即它必须能够至少原则上可以由实验或观察来检验。

经验条件为：

P_4. 解释项中的语句必须为真；

P_5. 解释项中的统计规律必须满足最全特征要求（The Requirement of Maximal Specificity，简称 RMS）。[①]

I—S 模型的前四项条件和 D—N 模型的比较相似，它的第五个条件是要求，在使用 I—S 模型时，要尽量选用概率最高的统计规律。后来亨普尔抛弃掉最全特征要求方案后，将其理论建立在如下假设基础上：解释是靠把被解释现象显示为“普遍有效的可期望的”来对它们加以说明的。虽然没有任何特定的普遍有效可期望度可以满足亨普尔理论为 I—S 解释规定的“恰当的”要求，但亨普尔仍一以贯之地暗示普遍有效可期望度应该是“高的”。

亨普尔指出 D—N、I—S 和 D—S 解释模型在形式上是一样的：都含有科学规律，而且科学规律对于科学解释是必不可少的。因此，亨普尔也称自己的解释模型是覆盖律模型。

---

① 转引自 Salmon，W. C.. Four Decades of Scientific Explanation［A］. in Kitcher，P.，Salmon，W. C.（eds.）. *Scientific Explanation*，1989：p. 58。

三、科学解释的省略模式

在实际的科学研究领域中，不是所有的科学解释都完全符合覆盖律解释模型，这对亨普尔并不是难题，他只要说明这些解释也需要满足覆盖律解释模型的逻辑条件和经验条件即可。按照这个思路，亨普尔认为在实际科学解释中存在下面三种解释的省略模式，它们本质上都是覆盖律模型，它们是：省略解释（elliptic explanation）、部分解释（partial explanation）和解释概要（explanation sketch）。[①]

省略解释是省略众所周知的或预先假定了的规律或先行条件，从而构成的解释。这些解释只要加进去被省略的规律或先行条件，它就符合完整的覆盖律模型。

若是解释项能够推出的结论是 F_s，被解释项 W_s 是 F_s 的子集，则这样的解释称为部分解释。

解释概要没有精确地陈述规律或先行条件，它只能提出解释的轮廓或方向。原则上，解释概要提出的是一个经验的假说，需要研究者去做更多的经验考察以充实它的内容，允许经验证据的确证或否证。依据这一点，解释概要和“伪解释”区别开来。

这些省略模式本质上属于 D—N、I—S 和 D—S 解释模型，而 D—N、I—S 和 D—S 解释模型在形式上是一样的：都含有科学规律，而且科学规律对于科学解释是必不可少的。总的思想是：从一系列初始条件和规律中可以推出被解释的事件，在科学解释中援引的规律称为被解释事件的覆盖律，因为它包含了被解释的事件。术语“模型”表明覆盖律解释模型是理想类型或理论上的理想化（idealization），它们不是想反映科学家实际形成解释论述的方式，而是为科学解释的特定程序（modes）提供阐释、理性重建或理论上的模型[②]。

综合起来看，关于覆盖律解释模型具有以下几个特征：

（1）解释即论证：解释 E 为什么发生就是表明 E 不是碰巧发生，而是依据某些前提和初始条件推导出来的，E 发生是普遍可期望的。

---

① Hempel, C. G. . *The Philosophy of Carl G. Hempel: Studies in Science, Explanation, and Rationality* [A], J. H. Fetzer ed. , New York: Oxford University Press, 2001. pp. 281 – 283.

② Ibid. , pp. 281 – 282.

（2） 覆盖律：E 可以从规律和完全详述的初始条件推出来。

（3） 解释和预测对称：在对 E 的充分解释中的信息（如规律、前提条件）可以用于预测 E；反过来，所有能用于预测 E 的信息也能用于解释为什么 E 发生。

（4） 因果性没有扮演本质的角色：规律不必描述因果过程作为其在科学解释中的合法的运用。

第二节　覆盖律解释模型面临的困境

一、覆盖律解释模型面临的主要反例

人们针对覆盖律解释模型的上述特征提出了许多反例。

第一类反例指出，覆盖律解释模型面临不对称问题，比如，旗杆试验——运用勾股定律和光线沿直线运动的规律，可以预测太阳在特定高度时某一高度的旗杆在地上的影长。但是，反过来，却不能通过测量影长和太阳的高度运用相应的规律推测旗杆的长度。什么能说明我们对这两个论证不同的评价呢？为什么一个是解释而另一是“后退”呢？覆盖律解释模型不能区分二者，所以也不能提供答案。

第二类反例是针对不相关问题：覆盖律解释模型中有时容纳了与被解释项无关的信息。比如，避孕药反例——所有服用了避孕药的男人都不会怀孕，因此，从约翰服用了避孕药这个事实我们可以逻辑地推出他不会怀孕。然而，这很难成为约翰为什么没怀孕的解释，因为无论他吃不吃避孕药他都不会怀孕。

第三类反例是针对 I—S 模型的高概率要求的：到底概率高到何种程度，我们才认为给出了一个确证的解释？比如，卡尔纳普（R. Carnap）在其《科学哲学导论》中就举出这样一个例子[①]：一个统计药物规律可能谈到有 5% 的人吃了某种食物会发生某种症状。医生对有这种症状的病人引用这个规律作为他的解释，虽然病人会不满意，但这个解释却是恰当的。然而，按 I—S 模型的高概率要求，我们不能根据解释项中的信息以

① ［美］卡尔纳普：《科学哲学导论》，张华夏等译，中山大学出版社 1987 年版，第 7 页。

高概率预期被解释项，相反，我们可以根据解释项中的信息以高概率预期被解释项的逆命题。

第四类反例是亨普尔自己挑明的问题，即解释歧义性难题，又称 I—S 模型的统计歧义性难题。比如，链球菌反例——约翰感染上了链球菌，他服用青霉素后很快就康复了。按（I—S）式，约翰的康复可以解释为：

$$P\ (R(x),\ S(x)\wedge B(x))=0.95$$

$$\frac{S(J)\wedge B(J)}{R\ (J)}$$

上式含义是：一个感染上链球菌 S 的人 x 服用青霉素 B 后，康复 R 的可能性很大，其概率 P 高达 95%；现在约翰 J 染上了链球菌 S，并且服用了青霉素 B；所以约翰 J 康复了。但是假设约翰感染上的是对青霉素有抗药性（I）的链球菌，而且一般地，一个人感染上这种特殊的链球菌，他不康复的可能性就很大，比如说其概率高达 66%。在这种情形下，约翰未康复的事实可按下式解释：

$$P\ (\neg R\ (x),\ S\ (x)\ \wedge B\ (x)\ \wedge I\ (x))\ =0.66$$

$$\frac{S\ (J)\ \wedge B\ (J)\ \wedge I\ (J)}{\neg R\ (J)}$$

这样，无论是康复还是不康复都可用 I—S 模型加以解释，这表明 I—S模型是模棱两可的，可以对相互矛盾的陈述给出同样合法的统计解释。①

二、对反例的分析

不对称问题起因于一些科学规律陈述的是等价关系，这些规律能够从“任一方向”使用。因此一个断言满足条件 C_1 等同于满足条件 C_2 的规律，能够在两种不同类型的论证中使用。假设前提断言一个对象满足 C_1，我们可以利用规律推出它也满足 C_2；相反，假设前提断言一个对象满足 C_2，我们仍可以利用该规律推出它满足 C_1。但很多情况下，一个这样的

① 张志林：《因果观念与休谟问题》，湖南教育出版社 1998 年版，第 283—284 页。

推导能够用于给出解释，而另外的却不能，由此产生了不对称问题。

在本体时间上，论证中结论往往先于前提，特别地，许多科学哲学家指出覆盖律解释模型没有关注到因果性。因果性是不对称的，如果 A 引起 B，则 B 就不会引起 A。在旗杆实例中，我们只能援引旗杆的高度来解释影子的长度，而不是相反，这是因为旗杆引起了或产生了影子而影子并不产生出旗杆。这是当代科学解释研究的一个关注点，萨尔蒙（1984）和费茨尔（1981）强调因果关系在解释中的作用，他们提出了不同的因果相关模型，试图解决不对称问题。

第二类反例的错误很明显，它将解释无关项也吸纳进来了。这个问题起因于我们有时能发现偶然事件或不相关事件的发生与独立于这些事件而发生的事件或情况之间有一种似律关系。其根源在于，亨普尔受卡尔纳普的影响。对于假说的认证，卡尔纳普提出的全证据要求（the requirement of total evidence）仅要求我们在认证假说时要提供所有相关证据，但并不反对把不相关的证据包含于其中。因为不相关的证据对认证或论证来说，即便是无利的也不会有害。受其影响，亨普尔参照全证据要求所提出的最全特征要求（the requirement of maximal specificity）也没有排除无关解释项参与解释。故而不相关问题成为覆盖律解释模型的一个痼疾。

从另一个维度来说明，在 D—N 模型中，解释项中所包含的规律是用外延逻辑来表征的。在避孕药反例中，有这样一个“规律”：任何一个 x，如果 x 是男人，那么 x 不会怀孕。由这条规律，我们逻辑必然地得到下面的命题：任何一个 x，如果 x 是男人而且 x 定期服用避孕药，那么 x 不会怀孕。这种“规律”实际上是偶适概括，而非科学规律。反例的出现往往是和科学规律观关联的，因此这也是当代科学解释研究的又一个关注点。

第三类反例反映的问题，在亨普尔论述科学解释的理论中没有给出明确的答复。而最令亨普尔头痛的莫过于第四类难题。这两类问题皆由 I—S 模型引出，“S”表明解释项中有概率式的规律，“I”表明解释项与被解释项是概率地相关的。两者凸显出一个关键点：“概率”。具体地说，难题在于这样两个方面：

（1）获得统计规律的前提是所有可能事件都是等可能的，而且样本是随机抽取的。为满足这个理想状态的要求，亨普尔在其相对于知识境况 K 的最全特征要求中预设了一个“参考类齐一性”（reference class homogeneity）概念，以确保该参考类（或指称类）的每个成员对于每个可能的结果都和其余任一成员一样具有同样的概率。然而几乎没有哪个经验科学研究能严格地满足它。若是固守在语言和经验检验的层面，很难真正保证各可能事件的等可能性。

（2）依照亨普尔的看法，统计规律是那些有较高频率的区别于偶适概括的陈述。统计概率陈述可以表征为：p（O，R）＝r，意指在一长系列的随机试验R的演示中，结果O事例的比例几乎确定地接近于r。然而这种长程序列的相对频率观受到古德曼等人的质疑，自休谟以来的归纳问题再次萦绕在坚持概率统计解释的科学哲学家脑中。后来亨普尔抛弃掉最全特征要求方案后，将其理论建立在如下假设基础上：解释是靠把被解释现象显示为“普遍有效的可期望的”来对它们加以说明的。虽然没有任何特定的普遍有效可期望度可以满足亨普尔理论为I—S模型解释规定的“恰当的”要求，但亨普尔仍一以贯之地暗示普遍有效可期望度应该是“高的”。两种逻辑地可比的解释项的结构都把高的普遍有效可期望度赋予不可比的被解释项①，于是产生一系列第三类和第四类反例，显示着覆盖律解释模型不能成功地解决统计歧义性难题。

然而，统计歧义性难题是由对“概率”的逻辑经验主义反形而上学式的界定而引起的，但是归根结底，它是在具体回答模型中解释项与被解释项之间如何相关或者解释项包含怎样的规律时而出现的。因此，第三类、第四类难题的解决有赖于前两个反例引起的难题的解决。

综上所述，覆盖律解释模型遇到的难题主要在如下几个方面：不相关问题、不对称问题和偶适概括。如何消解这些难题就成为当代科学解释研究的主要努力方向。

第三节　科学哲学对覆盖律解释模型的修正

一、因果相关进路

萨尔蒙作出统计相关模型取代亨普尔的覆盖律解释模型，他认为逻辑

① Fetzer, J. H.. *Philosophy of Science* [M], New York: Paragon House, 1993, p.67.

经验主义的第三个教条是“解释即论证”，故他主张科学解释不是逻辑论证，而是相关性理由的一个集合，以解决低概率事件不可解释的问题。但是，这个模型仍未能排除解释不相关项进入解释中。费茨尔认为萨尔蒙的失败在于他和亨普尔一样，对概率作了极限频率的诠释。在此，科学哲学家们面对的问题是：是否需要及如何排除参考类的主观性？统计相关如不理解成休谟式的频率相关，又应该如何理解？取代普遍有效可期望度而评价解释的标准是什么？解决主要分为两条进路：一条是认识论进路，最主要最有影响的是贝叶斯主义，此派引进条件概率，为统计歧义性提出另一条改进思路。另一条是本体论 + 认识论进路，主要代表是 W. 萨尔蒙（1984）① 和费茨尔（1993）②，他们从因果相关的维度重新诠释了概率的定义。萨尔蒙、费茨尔等人均是从句法和语义上对亨普尔的科学解释理论进行批判，他们看到规律本质上依赖于对原因的进一步追问，因果性而非规律是大多数科学解释中具有核心地位的部分，他们不约而同地提出因果相关的解释模型。

这似乎又回到了前逻辑经验论的进路上去了：在科学解释中，问题与回答之间的相关关系要由一些回答来满足，那些回答揭示因果结构，正是因果结构使得答案 A 是对问题 Q 的一种解答，因果结构把命题“因为 Q 所以 Fab（与其他参照类相对比）”中的“因为”当作一种因果关系。③

萨尔蒙的因果进路正是这样，他的因果解释观的核心是：一个解释之所以称为科学解释，是因为解释项与被解释项之间是因果相关的。然而，对于“因果”的理解分歧一点也不亚于对于“规律”的理解分歧，甚至更为复杂。萨尔蒙要用因果相关来阐明科学解释，就至少要面对这样的难点：

（一）对因果相关的界定

界定的基本要求是能把因果序列与偶然的巧合区别开来。若是存在例示这种因果序列的因果式规律，那么这种界定也应有效地区分因果式规律和偶适概括。因果相关的界定至少有两种：一种是本体论层面的，认为因

---

① Salmon, W. C.. *Scientific Explanation and the Causal Structure of the World* [M]. Princeton: Princeton University Press, 1984.

② Fetzer, J. H.. *Philosophy of Science* [M]. New York: Paragon House, 1993.

③ 亚历克斯·罗森堡：《科学哲学》，刘华杰译，上海科技教育出版社 2004 年版，第 63 页。

果相关是事件类型之间的自然必然性；另一种仅限于认识论层面，认为原因与结果之间只是恒常联结。后一种界定无法消解古德曼的可投射问题，因此无法达到因果进路的预期目的（即消解由于亨普尔、古德曼等人对规律的认识论界定而导致覆盖律解释模型的一系列难题）。萨尔蒙和费茨尔等人采取的是前一种进路。但是，采取本体论的界定是否能对覆盖律解释模型有所帮助呢？

采取这一进路，我们很容易指出，规律支持反事实条件，而偶适概括却不支持，那么科学规律与偶适概括是否就可以据此而清楚地区分开呢？回答是否定的。首先，科学规律不一定都是因果式规律，还有非因果式规律，比如生物学中的威廉斯登法则（脊椎动物越进化，其骨骼数量就越少）、经济学中的供求规律（其他条件均相等的情况下，当需求大于供给时，价格上升；当需求小于供给时，价格下降）。因果相关的界定会将这些规律全部屏蔽在科学之外。其次，不考虑非因果式规律的问题，因果相关也不能作为科学规律和偶适概括相互区别的根源。因为这涉及语用的维度。

（二）语用的维度

本体论层面界定的因果相关，它断言的是一个参考类的每个成员在其恒常的性质中具有某种（逻辑偶然的）倾向，意味着一旦前提条件发生了，那么结论必然地发生，而且是可被经验检验的，如若结论没有发生，那就要么是前提条件与结论之间没有因果联系，要么是其他条件的干扰。它所刻画的因果关系强调的是自然必然性，因此，自然必然性是规律的基础，规律寻找的是因果关系。但是这样的解法要求规律一定是真的，这种认识论要求对于规律并非必要。

规律揭示的自然必然性是独立于我们的观察的，但是对自然必然性的观察和描述依赖于我们的认识，观察是否能符合实在是认识论中争论不休的热点，本书不打算就此进一步展开。但是可以从经典力学规律的获得过程得知“真”不是规律的充分条件，一般为了避免这方面的争论，多是讨论似律概括。

因果关系“A 引起 B”刻画的是事件类之间的相关关系，A、B 指的一系列事件 a_1，a_2，…，a_n；b_1，b_2，…，b_m。故而对一个结果的解释原则上需要穷尽所有的条件才能称是其充分必要的原因。倘若援引其中一条作为原因，则该原因只是必要条件，根据这条原因显然不能有把握地期待这个结果。因为要有把握，我们需要确切地知道，与该原因合起来导致这个结果的所有其他条件也同时都满足了。这是不可能的，举一例来说，火柴点燃了，通过援引其原因——火柴被摩擦——而得到解释。显而易见，摩擦并不是火柴点燃的充分原因。毕竟，如果火柴湿了，或者如果有一股强风，或者没有氧气，或者如果火柴以前被擦着过，或者其化学成分有缺陷，或者……或者……火柴就不会着火。有关的限制条件没完没了。[①] 我们不可能都确切地知道所有的限制条件，于是问题来了，原因和单纯的条件之间有什么区别？一些哲学家论证说，正是探究的语境造成了这种差别：在一个抽成真空的房间的语境中，在这样的环境经常通过摩擦火柴头来检测其硬度，火柴的点燃原因不是摩擦，而是存在氧气。[②]

由此可见，因果进路的目的虽好，但给科学解释的讨论带入了观察与实在、因果的本性等经典哲学问题，这并不能为覆盖律解释模型的困境带来多少帮助；同时因果进路也涉及探究的语境问题，对语用的关注也是另一条试图拯救覆盖律解释模型的进路的核心。语境进路是否会更有帮助呢？

二、语境进路

范·弗拉森也反对逻辑经验主义“解释即论证”的说法，认为解释者与解释的关系必须考虑进来，科学解释不是理论与事实的二元关系，而是理论、事实与语境三者的关系。他不同于萨尔蒙等人的策略就在于他的语境进路。他认为解释是回答 why—问题，why—问题形如“为什么 P，而不是 Q，R，……”其中 P 是问题涉及的主题（topic）；{P，Q，R，……}是对比集（contrast class）；区分 P 发生而 Q，R，……不发生的叫相关关系。why—问题预设了三个条件：（a）其主题为真；（b）在对比集中，只有其主题为真；（c）至少有一个命题与其主题和对比集具有相关关系，并且这个命题也是真的。[③] 这里的真以及 why—问题的提出取决于某种所接受的背景理论和实际信息的集合 K，它是一个语境因素，因为有赖于提

① 亚历克斯·罗森堡：《科学哲学》，刘华杰译，上海科技教育出版社 2004 年版，第 64 页。

② 同上书，第 65 页。

③ 范·弗拉森：《科学的形象》，郑祥福译，上海译文出版社 2002 年版，第 182—183 页。

问者和受问者。假若K没有包含上述三个条件，则中心预设为假，why—问题也提不出来。语境不同则why—问题不同，答案也就不同。这样，主题相同解释却有多种就是很正常的了；而且也不再要求行动是达到期望结果的必要条件了，因为行动者的理由只需用来选择主题而不是对比集中的其他成员。

范·弗拉森的语用学解释观打破了逻辑经验主义逻辑重构的纲领，将科学解释理论和科学解释的实际联系起来，重新确立了作为科学主体的人的地位和作用。然而他由于过分强调语用，没有从句法、语义和语用整体上考察语用，因此走向了否定科学解释的真理性和客观性的非理性主义。

三、历史主义进路

科学历史主义强调主体的地位是通过引入历史的因素，他们认为科学解释本质上具有历史相对性、对概念框架的依赖性，概念框架凸显了科学解释的语境，确立了科学解释的方式与准则。

汉森在《发现的逻辑》中指出，覆盖律解释观割裂了科学解释和科学发现的历史关系，这种解释观并不能完全概括和反映人类科学解释的实践。对于待解释现象的解释，将待解释现象与概念模式相联系，有两种情况：一种情况是有一个现成的被公认的概念模式和普遍规律，这时解释的任务是常规的；另一种情况则是没有一个可供选择的公认的概念模式和普遍规律，这时科学解释的任务就是寻求概念模式，它充分体现了科学解释的发现本质。前一种是覆盖律解释模式，后一种是从被解释项到解释项的溯因推理。汉森认为，对于那些没有公认的概念模式的学科，溯因推理是唯一合适的解释方式。因此，汉森断言，任何一种真正的解释都是一种创造性的理解和发现。①

库恩更详细地探讨了类似的观点，他认为任何科学解释的准则和标准都是相对于特定的范式而言的，科学家所在的科学共同体的解释准则是他们理解和解释世界的基础和限制，因此，科学解释研究也是科学解释自身历史的研究。

然而，由于基于不同的概念模式（或范式）会有不同的解释，各概念模式之间是不可通约的，所以解释也是相对的，其客观性得不到维护，

---

① 曹志平：《理解与科学解释》，社会科学文献出版社2005年版，第34页。

因而容易走向相对主义。如何在科学解释中既纳入历史的维度，又保留理性的成分成为汉森和库恩等人都面临的问题。

四、统合进路

凯切尔将科学解释的研究区分为两条进路：

其一是“从下至上”的进路，认为我们有能力在具体的历史故事中抽取出因果关系，理论解释就是把关于个体状态和事件的因果性的效果编在一起。这条进路是局部的，它试图从基础的科学规律推导出具体状态或现象的描述。亨普尔、萨尔蒙的解释模型就是从下至上的解释研究进路。

其二是“从上至下”的进路，要说明什么是理论解释，要用基本的机制作为解释的基础，来确定具体事例中的原因。这条进路是全局的，它主张解释一个现象或事件就是将其置入整个理论中进行理解。而这种放置需要满足的要求就是统合，这正是弗里德曼、凯切尔试图开辟的进路。

统合是一种全局性的解释路径，其基本思想最早可回溯到爱因斯坦的洞见，根据他的见解，科学理论化的目标“应当在于与感官体验的整体进行完全的协调”，做到“逻辑上独立要素（基本概念和公理）有最大可能的精简性（sparsity）”。[①] 这一“精简性”要求在逻辑经验主义传统的经典工作中表现为其共同纲领：统一科学纲领。

抓住统合，凯切尔试图以此作为着力点，用以改进和维护覆盖律解释模型。接着，从科学解释的最基本问题开始，凯切尔开始了他的追问。

（1）为什么我们需要有关科学解释的理论呢？两个理由：第一，解释理论可表明科学解释是怎样促进我们的理解的（与弗里德曼1974年的主张类似）。第二，解释应该能让我们理解过去科学和现在科学的争论并对之作出判决。刚萌芽的理论常常诉诸它的解释力进行辩护，解释理论能使我们评价这种辩护是否恰当。[②]

（2）什么是科学解释呢？最明显的方法是把科学解释看作一种活动。在这个活动中我们能回答当前或未来人们的实际问题或预期会出现的问

---

① 亚历克斯·罗森堡：《科学哲学》，刘华杰译，上海科技教育出版社2004年版，第72页。

② Kitcher, Philip. "Explanatory Unification", *Philosophy of Science* [J], 48 (1981), p. 508.

题。我们的做法是列出理由，利用我们坚持的信念，不时地运用或调整科学提供给我们的论证。

覆盖律解释模型将解释看作一种特殊类型的论证，而萨尔蒙、范·弗拉森等人均反对解释即论证的教条。凯切尔采取的策略有些折中，一方面他用论证刻画解释，另一方面又不承认在本体论层面上解释就是论证。他根据阿钦斯坦（Peter Achinstein）在其 1977 年论文中关于解释的本体论问题的讨论，认为解释是命题和行为类型（act type）的有序对（ordered pair）组合。论证是解释的基础，解释与论证的相关性存在于这样一个事实：使得有序对（p，解释 q）成为解释的，就是表达 p 的句子与一个具体论证有一种适当的关系。[①] 因此，凯切尔折中之后得出的结论是：科学解释首先是推导，即从一些命题推出另一些命题。推导也是论证，但与亨普尔的论证不同。亨普尔的论证只是给出“前提—结论”对；而作为推导的论证，不仅要给出“前提—结论”对，而且要表明前提是怎样产生结论的，其中的每个语句的地位都得到明确的阐发。

（3）自然地，接下来的问题是如果科学论证作为解释行为的基础，那么它应该具有哪些特征呢？

凯切尔认为，在解释行为中，科学提供给我们用于改编的论证集将随我们信念的变化而变化。因此，合适的“被分析项”是把论证库中与被普遍接受的句子集合联系起来的观念。普遍接受的句子集合也就是我们的信念集合。令在我们感兴趣的科学史某个阶段，普遍接受的句子集是 K。凯切尔所指的普遍问题就是详述 E（K）的问题，E（K）就是包含 K 的解释库（explanatory store），它是这样一些论证的集合：这些论证作为解释行为的基础而被接受，通过这些论证，解释的信念刚好是 K 的成员（每个 K 都有且只有一个 E（K））。[②]

因此，凯切尔建议，我们可以认为科学没有给我们提供许多不相关的能用于个别解释行为的单独论证，但是它提供了解释性论证的储备库，当需要的时候我们就可以调出来。根据这个建议，问题：“如果科学论证作为解释行为的基础，那么它应该具有哪些特征呢?”就变为：“作为解释

① Kitcher, Philip. “Explanatory Unification”, *Philosophy of Science* [J], 48 (1981), p. 509.

② Ibid., p. 512.

行为的基础，解释库必须满足哪些条件?”回答问题：“作为解释行为的基础，解释库必须满足哪些条件?”就在于阐明：对于每个 K 而言，E（K）是能够最好地统合 K 的论证集。可见统合在此扮演着关键角色。统合的情况大致有这样两种：第一，在成熟理论（例如牛顿力学纲领）中，同一论证模式能够反复用于推导一大批普遍接受的句子；第二，在不成熟的理论（例如达尔文的进化论）中，理论的解释力取决于其论证模式是否原则上能够通过完全严格地推导出关于任何现存物种特性的描述来例示。两种情况均反映出：解释的统合的根本在于论证的模式。

综上所述，凯切尔统合解释观认为好的科学解释应属于一个解释集，即解释库，而解释理论的基本任务应该是详述解释库的特征或条件。直观上，在特定时刻与科学相关的解释库蕴涵着这样一些推导，它们共同提供我们信念的最佳系统化或最大统合。① 科学提供给我们解释，要评价该解释的价值，不能局部地考察它们，而只能全局地研究它们是怎样形成自然秩序的系统图景的一部分。

五、总结

对亨普尔经典解释模型所遇到的困难，凯切尔的思路与萨尔蒙、范·弗拉森等人的思路截然不同。萨尔蒙和范·弗拉森提出的科学解释模型都是从下至上，着眼于从分析科学解释中的构成要素（尤其是解释相关的条件）中找出解决的对策。萨尔蒙早期从统计相关的语义条件方面寻找突破口，之后发现统计相关需以因果性为基础才可规避不相关问题，故后期关注对因果性的分析，以此为基础作为对科学规律的分析、因果的解释相关的分析。然而，正如本书第一章指出的，因果进路的目的虽好，但给科学解释的讨论带入了观察与实在、因果的本性等经典哲学问题，这并不能为覆盖律解释模型的困境带来多少帮助。同样，范·弗拉森的语用进路也是从解释相关的微观条件入手进行的分析，由于他过分强调语用，没有从句法、语义和语用整体上考察语用，因此走向了否定科学解释的真理性和客观性的非理性主义。可见，无论因果进路还是语境进路在总体思路上

① Kitcher, P.. Explanatory Unification and the Causal Structure of the World [D], in *Scientific Explanation* [A], P. Kitcher and W. Salmon. Minneapolis: University of Minnesota Press (1989), p. 430.

都属于自下而上的类型，在解决亨普尔覆盖律解释模型所遇到的不对称、不相关和偶适概括问题时，都需要对规律、因果等概念本身进行辨析，在分析中又往往是不尽如人意的。

凯切尔提出的统合解释理论采取刚好相反的思路：从上而下。该理论并未从对解释项与被解释项之间的相关关系的局部分析入手，而是着力于比较多个论证模式的统合力，认为具有最佳统合力的那个论证模式才是科学解释。这蕴涵着对一个被解释项，有多个可能的解释模式，选择其中一个而不选择其他解释模式的原则成为科学解释要解决的关键问题。值得注意的是，重心转移到讨论解释模式的选择原则，那么对于解释的不相关因素也就不一定要通过讨论解释相关的条件来排除，包含了不相关因素的解释模式由于统合力不是最佳的而被淘汰。同样，对规律的讨论也不一定是必要的了。因此在凯切尔的表述中看来，似乎可以避免对规律、因果等概念的纠缠，他对解释相关的分析不是局部的、微观的，而是整体的、全局的。毫无疑问，这种全局性的进路的确提供了思考科学解释问题的一条新思路，倘若凯切尔所言的统合性真能规避对规律、因果等概念的讨论（或者说作为规律、因果性的基础），那么统合解释理论将会很好的解决因果不对称性问题。但凯切尔的统合解释理论的困难恰恰就出在这里，巴勒斯（Barnes）认为凯切尔之所以能够解决覆盖律模型中的不对称问题，实际上是因为他暗中借用了因果观念，可是凯切尔统合解释理论引入统合力却并不能辨认出因果不对称性。另外，凯切尔的困难还在于他的统合力概念上，例如怎样确定统合力的大小？统合力有没有明确的界限？等等。

总的来说，上述各派虽然对覆盖律解释模型采取了不同进路，但都存在一定问题。但这一考察却并非没有收获，萨尔蒙抓住了因果相关，这一亨普尔回避的问题经他的阐述，在科学解释研究中显得尤为重要。凯切尔试图在逻辑论旨上做文章，但是仍然绕不过因果相关的问题，这进一步表明因果相关在解释相关中讨论的必要性。范·弗拉森以及历史主义则开拓了解释研究的视角，也预示着仅仅考虑因果相关或者规律论旨还是不够的。

【文献综述】

亨普尔的科学解释观主要文献来自于亨普尔的两本论文集：（1）*Aspects of Scientific Explanation and Other Essays in the Philosophy of Science*

(1965)；(2) *The Philosophy of Carl G. Hempel* (2001)。另外，萨尔蒙(W. C. Salmon)在他和凯切尔(P. Kitcher)编写的Scientific Explanation (1989)中的长文"Four Decades of Scientific Explanation"清晰地展示了亨普尔及其之后科学哲学家的科学解释观。

有关亨普尔的覆盖律解释模型主要观点体现在：(1)中的"Studies in the Logic of Explanation"(1948)和"Aspects of Scientific Explanation"(1965)及(2)中的"Deductive – Nomological versus Statistical Explanation"(1962)，萨尔蒙(1989)对覆盖律解释模型的三种模型作了很好的总结和分析，也是主要参考来源。

第三章　覆盖律解释模型在社会科学中的运用

本章目标是，介绍和分析覆盖律解释模型在社会科学中的运用。通过考察亨普尔反驳意向性解释的正反两方面策略，得出结论：亨普尔的论证策略不乏可取之处，但在总体上是不成功的。其根本原因是：没抓住目的论解释反对因果分析的要害，即解释项需要进入诠释学循环识别而不是单纯的经验识别。他的失败启发我们在维护自然主义社会科学解释观时有两个问题必须探讨：一是社会科学规律是否存在；二是规范在因果解释中的地位。

第一节　普遍规律、解释概要和逻辑经验主义的统一科学观

早在19世纪初，孔德（Auguste Comte）认为，社会的现象是自然的现象，是受自然规律制约的。按此，社会现象就是“实物”或“事实”，科学的任务就在于描述现象，从而发现事物之间重复出现的社会规律，经过归纳、提炼，最后形成一般性的结论。孔德主张统一的科学观，强调自然界与人类社会有基本的连续性，社会发展过程在性质上与生物发展过程是相同的，社会现象不过是自然现象的高级阶段，生命是一个最简单的自然界现象延伸到最高级的社会有机体的巨大链条。因此，可以用自然规律来解释社会现象。[①]

亨普尔发展了这一思想，他主张社会现象也像其他自然现象一样可由普遍规律和先决条件来解释，社会科学的目标之一就是发现合适的规律，

---

① 参见［法］迪尔凯姆《社会学方法的规则》，胡伟译，华夏出版社1999年版。

作出解释和预测。这种合适的规律分为两类：一类是普遍规律，另一类是统计规律。术语“规律”暗含着该陈述实际上充分得到了可获得的相关证据的证实。由于完全“证实”往往是困难的，亨普尔也采用卡尔纳普的观点，区分了证实和确证，所以这个限制条件弱化为“确证”，即可以阐明在什么条件下该陈述可以得到确证，这样“规律”虽不可能绝对地证实，但是它的例示可以被越来越多的经验证据所肯定，从而使得我们对该规律的信心逐渐增强，所以，一切规律都是含有经验内容的假设，故而常常用术语“全称经验假设”、“全称形式的假设”或简称“全称假设”代替“普遍规律”。他把普遍规律理解为一种能由适当的经验证据来确证的全称条件形式的陈述。故而在不引起歧义的情况下，亨普尔文章中“全称经验假设”、“全称假设”和“普遍规律”是互用的。依亨普尔所说，在社会科学和自然科学中，“普遍规律具有非常相似的作用，它们成为历史（社会）研究的一个不可或缺的工具，它们甚至构成了常被认为是与各门自然科学不同的具有社会科学特点的各种研究方法的共同基础”[①]。他关于统计规律的看法也类似。

亨普尔最早表达他这种对社会科学本质的自然主义看法是在 1942 年在“The Function of General Laws in History（《普遍规律在历史中的作用》）”[②] 一文中。在该文中，亨普尔已初步表达了他的演绎的覆盖律解释观，同时明确表达了他的自然主义立场。亨普尔的这种自然主义观包含两层意思：第一，自然科学和社会科学研究之间没有严格的界限，在建立科学知识中，“纯粹描述”与“假设的概括化和理论—构建”是不可分割地联系到一起的。社会科学研究必不可少地要运用能被经验检验的全称假设（普遍规律）。第二，无论社会科学解释还是自然科学解释都可运用统一的解释模型（覆盖律解释模型），解释的逻辑是普遍适用的。

关于亨普尔的科学解释观，上一章已经有详细的讨论，本章主要关注亨普尔如何论述覆盖律解释也适用于社会科学，以及他如何化解和回应对覆盖律解释模型在社会科学中应用的困难和批判。

覆盖律解释模型运用于社会科学，遇到的首个问题便是：怎样看待社

---

① ［美］亨普尔：《普遍规律在历史中的作用》，《哲学译丛》1987 年第 4 期。

② Hempel, C. G.. *Aspects of Scientific Explanation and Other Essays in the Philosophy of Science* [A]. New York: The Free Press, pp. 231－244.

会科学提供的大部分解释并没有包含对预先假定的普遍规律的明确陈述以及怎样区分真解释和假解释？

亨普尔认为至少存在两个理由说明这种现象：第一，全称假设往往与个人心理或社会心理有关，而这些是每个人通过日常经验所熟知的，因此，这些假设不言而喻地被视为当然，先行条件会不完全。第二，充分精确清晰地阐述基本假设并且使那些假设符合所有可获得的有关经验证据，这通常总是很困难的，故而赋予被陈述的条件以“原因”或“决定性因素”性质的普遍规律也完全被省略了，真正符合亨普尔所指的严格意义上的解释至少暂时还做不到。但是先行条件和普遍规律被省略并不是社会科学中独有的，自然科学中也存在类似的情况，而且只有预先假定了一些合适的普遍规律，才会出现被解释事件“自然地”是已被表明条件的“结果”的现象。所以，亨普尔提出历史中的所谓“解释”作为一种通例只能被看作是一种“解释概要”，对被视为有关的初始条件和规律的多少有点模糊的指示构成了这种概要，它需要“扩充”以便成为成熟的条件。“扩充”过程一般会引起所涉及的阐述的精确性逐渐增加，但是，在这个过程的任何阶段上，那些阐述都要有某种经验意义，至少能大致地表明哪种证据适于检验它们，哪些研究结果有助于确证它们。这就使得我们得以区分科学上可接受的解释概要与假解释。

总之，亨普尔通过将“覆盖律”思想运用于社会科学解释，论证了规律在社会科学和自然科学中具有非常相似的作用。社会科学中存在着规律，我们的任务就是去发现规律，通过探求社会现象的规律以便对社会发展作某种预测。因此覆盖律解释模型能运用于社会科学解释中的必要条件是：社会科学中存在规律。

亨普尔的这种方法论自然主义源于逻辑经验主义的科学观。根据逻辑经验主义的意义标准，一个陈述是有意义的，要么它是有纯粹逻辑意义的分析陈述，要么是能用（至少是潜在的）经验证据来检验的综合陈述。科学陈述有意义只取后一种衡量标准。这种理论使得亨普尔将社会科学中的意向性看作可检验性问题，由于人的自由意志造成的社会科学解释的独特性被亨普尔认为是社会科学的不完全性、初步性和不完备性，而不是说它和自然科学解释是本质上不同的解释类型。这样，人类及其行动就和无生命的研究对象没有区别了，自然科学的研究方法就可以运用到社会科学研究上，而且依亨普尔的观点，社会科学与自然科学的研究目的也就没有异议地是发现合适的（普遍）规律。因此，“即使一个历史学家想要把他的研究限制在对过去的‘纯粹描述’中而没有任何提供关于关联和决定的解释和陈述的企图，他也必须不断地利用（普遍）规律”[①]。

第二节　亨普尔对意向性解释的批判

一、社会科学解释的其他形式

反自然主义者反对覆盖律解释的有两类：一类极端的观点甚至否认社会科学中有解释存在；另一类并不认为在讨论社会科学解释的逻辑时要去求助于规律（德雷、冯·赖特等），他们接受的是提供理由（reasons）的科学解释，认为社会科学解释是诉诸人的目的（purpose 或 end）、动机（motive）。这样的解释基本分这样几类：合理解释（rational explantion）、目的论解释（teleological explanation）、功能解释（functional explanation）。本书将前两类作为意向性解释的子类。

目的论解释要说明人类行动是受动机驱使的，这种解释认为解释一个行动并非从分析因果关系入手，而是从分析行动产生的理由入手，信念、期望、认知等意向性因素本身就包括在行动的理由中。解释项与被解释项之间不是逻辑上的演绎或归纳关系，而是某种辩护关系，假设了：如果行动者想要取得某个目标，也有对目标和达到目标的必要手段间关系的自我认识，那么正常情况下他接下去很自然地就会用这种手段去达到目标。

合理解释的目标（objective）强调目的是有意识的，而且对达到目的的手段经过慎思演算（calculation），解释必须展示所做的是合适的或有理的。德雷是典型代表。德雷认为合理解释基于的合理性标准是他所谓的“行动原则”（principle of action），行动原则表述为“当处于形式为 C_1，C_2，…，C_n 的局况（situation）中时，要做的是 X”[②]。局况区别于环境，它包括：（1）行动者试图达到的目的（end）；（2）行动的经验环境；

① ［美］亨普尔：《普遍规律在历史中的作用》，《哲学译丛》1987 年第 4 期。

② Hempel，C. G.. *The Philosophy of Carl G. Hempel*：*Studies in Science*，*Explanation*，*and Rationality* ［A］，J. H. Fetzer ed.，New York：Oxford University Press，2001，p. 290.

(3) 行动服从的道德标准和原则。行动原则在合理解释中似乎扮演着像普遍规律一样的角色，但是它绝不是普遍规律或者普遍概括。因为，如果遇到大量的人们不遵循这个原则的反例，人们仅称这个原则不具有普遍有效性。由于这个原则曾和行动相符，就不能说这个原则无效。因此，它不像普遍规律具有普遍有效性，遇到反例就要修改或者被拒绝。

倘若目的论解释寻求的是个别的社会或共同体的状态存在的标准，指明被解释项在维持或实现它所属的系统的某些特征方面具有或履行的一个或多个功能（或功能失调），或者阐明它在导致某个目标中所起的作用；这些目标往往是无意识的，那么这就是功能解释。对于功能解释的地位有不同的观点，文化人类学和社会人类学将功能解释作为主要的独立的解释类型，这主要受马林诺夫斯基（B. Malinowski）、默顿（R. K. Merton）等功能主义者的影响；另一种观点认为功能解释和覆盖律解释是相容的，功能关系是一种次级的因果关系，持此主张的主要有内格尔（E. Nagel）、鲁德纳（R. S. Rudner）等人。

对于上述三种解释类型，亨普尔均给予了回应，特别是对德雷的合理解释模型，亨普尔在多篇文章中均有论及。

二、从意向性解释到覆盖律解释

亨普尔对意向性解释的反驳主要针对的是目的论解释和合理解释，他分正反两方面左右开弓，反面主要是反驳意向性解释观点认为覆盖律解释不适于社会科学解释的理由，正面建立一个包含目的的覆盖律解释模型。

（一）反面论证

亨普尔的反面进路找到了这样一些意向性解释用来反驳覆盖律解释的理由：(1) 个别人或群体的行动具有特殊的唯一性和不可重复性。(2) 建立个体在特定环境下的反应不仅依赖于该环境，还依赖于这个人的先前经历，因此，建立人类行为的科学概括是不可能的。(3) 任何包括目的行为的现象的解释都要求联系动机，因此，需要进行目的论分析而不是因果分析。

1. 不可重复性、独特性和复杂性

对于 (1) 和 (2) 亨普尔举出了自然科学甚至物理学中也有类似的情况，但是并不影响科学概括甚至规律的得出。依此思路，我们可以进一步地给出更详细的反驳：

反对者主要从这样几个方面来论述独特性（不可重复性）：（T_1）社会事件不能按照我们的意志去重复，或者说不能在严格的实验条件下进行重复；（T_2）在特定条件下的特殊、个别事件不能重复；（T_3）社会科学家只关心个别的、特殊的事件，而不是普遍性的结论。

对于（T_1）和（T_2），首先要弄清重复为何意。若重复指事实或事件是某种本质、关系和属性上的同类，我们表达为重复$_1$。那么，在此意义上的"自然"条件下的重复$_1$是否存在呢？显然，自然界中也有许多事物是不能按照我们的意志在实验室里重复$_1$的，也有许多事物只能在自然条件下等待它们自己"自然"地重复$_1$。如果说社会科学中也存在着"自然"条件下的重复$_1$，那么我们就只能说社会事件不能在实验条件下重复$_1$，而不能说社会事件不能重复$_1$。（T_2）在自然科学中也同样成立。但是，承认（T_2），并把它当作社会科学的一个独特性，逻辑上就否定了（T_2）在自然科学中能成立。这就产生了逻辑矛盾，因此，（T_2）对于重复$_1$不成立。若重复指事实或事件的具体内容上的相似，我们称为重复$_2$。那么由于（T_1）和（T_2），仅对"外部"事件的重复$_2$是不可能的，只能重复$_2$事件的"内部"，这就需要理解或诠释而非解释，移情的方法正是在"理解"的基础上探求对象意义的一种方法，它刻画的是行为者的动机等主观意图与行为之间的逻辑关系。

亨普尔指出外行人和历史学家都运用移情方法，但其本身并不构成解释，而只能是一种启发式手段，它的作用是提出在思考时可以作为解释原则的心理学假设。支持这种作用的观点是：历史学家试图体会一下，看他本人处在历史人物的既定环境和特有的动机下时会怎样行事；他试图把他的发现概括为普遍规则，并用它作为解释原则去解释历史人物的活动，但这种原则的使用并不能保证历史解释的可靠性。因为，历史解释的可靠性唯一地在于它是否依赖于有关初始条件和普遍规律的被经验完全确证的假设。[①] 更重要的是，亨普尔指出，研究者也许无法使自己进入一个偏执狂式的历史名人的角色，但是他可以用变态心理学的原理来解释这个人的某些行为。故解释是否达到目的，与研究者是否有和被研究者同一位置上的感受无关，移情方法在解释中并不是非要不可的。

---

① ［美］亨普尔：《普遍规律在历史中的作用》，《哲学译丛》1987 年第 4 期。

鲁德纳也指出移情方法重复$_2$事件存在这样的困难：为了把某种特殊的移情行为作为证实的步骤来接受，我们就必须预先假定一种确认这种行为是真实的假说的研究。简言之，为了接受或拒绝一个移情论者正在研究的现象的假说，给移情论者提供可靠的根据，我们必定早已独立地证明了移情完全相似于移情的状态①。所以，移情方法不过是一种心理学假设，属于研究的技术问题，它本身并不构成理解。那么，"理解"如何可能呢？动机与行为之间的关系背后是否隐藏着至少是似规律的陈述呢？这些无疑将成为我们突破的难题。但是，武断地认为理解只能依靠诠释来实现，否认动机与行为之间的似规律联系，这种做法是无充分根据的。

对于（T_3），我们应考虑这个结论是如何得来的呢？社会科学家为什么不关心普遍的事件？难道由社会科学家不关心普遍性结论就可以推出社会科学的课题不具有普遍性吗？实际上，（T_3）的前提是（T_1）和（T_2），（T_1）和（T_2）是有待商榷的，故直接论断（T_3）是轻率的。

（T_3）中还有一个概念：独特性。一事件是独特的当且仅当任何一个事件不同于这个事件。为了认识一事件是否独特和它如何成为独特的，必须详细说明使这一事件区别于其他事件的那些方面，只有客观地详细说明这些特征后，我们才可以说：当且仅当没有其他任何一个事件恰好具有与一个事件本身所具有的相同的特点时，这一事件才不同于其他任何事件。但是，一切事件都与其他任何事件在某些方面类似，在其他方面不类似。若要从严格的意义上来说，所有事件和现象都是独特的，如果由这种严格定义的独特性来反驳不存在规律，那么不仅社会科学，而且所有科学都是不可能存在规律的。如果不是这么强的定义，只是指一事件与其他事件的非类似性，反对者们就要说明，究竟是什么样的非类似性使某事件成为独特的，为什么这样成为独特的会阻碍规律的获得。因此，依据独特性的论点是依存于其他一些论点的，不能单拿出来作为反驳的论据。

与（1）（2）相关的反驳还由复杂性引出，主要是反对存在社会科学规律的。有这样两个方面的论证：第一，社会科学的课题时刻在变化，使得无法确定变量之间的关系，因此寻找社会科学规律是不可能的；第二，社会科学是开放的，而自然规律是全称的、闭合的，所以社会科学中不可能存在规律。

---

① ［美］鲁德纳：《社会科学哲学》，生活·读书·新知三联书店1989年版，第147页。

第一种论证过分夸大了社会科学课题的易变性，殊不知自然科学课题同样是不断在变化。世界万事万物都是时刻在变化的，人不能两次跨入同一条河流；昨天的我并非今天的我（在生物学意义上）；前一刻的电子也并非下一刻的电子……就是因为世界如此丰富多变，人类才痴迷于寻找那变化中恒定的关系，这种易变性或复杂性存在于任何科学中，它只不过是科学研究的一个"参数"①，因此第一种论证是不充分的。

第二种论证可能分两种方式：（1）开放系统不存在规律，社会系统是开放的，所以社会科学中不存在规律；（2）社会系统是开放的，而且他们不覆盖所有的在该领域内有效的力和原因，所以社会科学中不存在规律。

社会系统甚至世界系统很明显都不是闭合系统，即使物理系统也被外界因素所影响，如果依据开放系统而断定没有规律，那么物理学也就不存在规律，这显然是不可接受的。

论证（2）的核心不在于社会系统是开放的还是闭合的，而在于一个理论处理外界因素的能力。因此，该论据改为：影响开放物理系统的力可以被很好地在物理学范围内解决，而社会系统却不能，因此所谓的社会规律注定不完全，因此无规律。但该论据的证明依赖这样的假定：如果任一影响物理系统的力不能还原为物理学术语，那么物理学规律是不可能存在的②。这同样是不可接受的。因为即使不考虑外界因素对物理系统的影响，在物理学内部也存在与这个假定相悖的情况。我们知道，物理学中的个别规律可以只用整个物理学语言的一个子集，但当别的物理力介入时，用该子集的术语显然不能表达出这些力。因此，尽管社会科学规律不能用某种社会词汇完全表述出来，也不能就此否认社会规律的存在。

从上述分析可知，意向性解释的支持者如果依据社会科学的独特性、复杂性或不可重复性作为理由来反对社会科学中存在覆盖律解释，不会对

---

① McIntye, L. C. . Complexity and Social Scientific Laws [D] . 1993. in Martin, M. , McIntyre, L. C. (eds.) . *Readings in the Philosophy of Social Science* [A] . London: the MIT Press, 1994, pp. 132 – 133.

② Kincaid, H. . Defending Laws in the Social Sciences [D] in Martin, M. , McIntyre, L. C. (eds.). *Readings in the Philosophy of Social Science* [A], 1994, p. 113.

覆盖律解释形成强有力的冲击。当然以上述论据反对社会科学中存在规律也会不成功。

2. 目的论分析与因果分析

论据（3）被亨普尔分为这样几种理由：（ⅰ）目的性行为的目标是在未来达到目的，因此用目的解释行为就是用将来的事态解释过去的事态，这不可能是因果的，因为将来不可能引起现在。目的论分析本质上不同于自然科学中的因果分析。（ⅱ）目的是不可直接观察的。（ⅲ）解释一个行动，是在它发生之后，把它归于某种动机或目的，这样的程序没有预测力。

（ⅰ）源自亚里士多德的解释理论，他用质料因、形式因、动力因和目的因四种原因来解释世界上的一切现象，认为解释所有事物的行为都要根据它们追寻的目的。因此，物体下落是为了寻求它们的自然位置；鸟儿迁移为了在冬季存活；人类行动是为了他们的目的，这些都归诸于目的因。但是按照这种理论可以预测任何情况，相当于一无所知。科学家们并不满足于此，他们希望寻求更清晰更有说服力的解释，缩小预测的选择范围，某种意义上说科学史就反映了科学家们的这种努力。伽利略、开普勒、牛顿、达尔文的工作表明自然科学用因果分析（相当于动力因）替代目的论分析才是科学的解释。人类行动的解释虽然包括进了目的、动机等因素，但是依然可以化解。行动者的目的不能当作还没实现的达到目的的未来事件，因为目的从未实际上达到，它只是被认为决定了行动者现在的行动。因此，我们要区分目的和目的要达到的事件，是目的而非目的要达到的事件驱使我们行动。亨普尔正是如此回应（ⅰ）的反驳，他将目的用期望和信念这样两个术语表达，以和目的要达到的事件区分开来。它们都发生在行动之前，期望是行动者想要达到的特定目标或目的，信念指行动者认为某一系列行动很可能达到期望的结果的认识。这样，期望和信念出现在解释的先决条件中，在形式上就和因果解释没有形式的不同了，因此（ⅰ）理由不成立。

亨普尔反驳理由（ⅱ）同样是举出物理学的例子，认为物理学解释中有许多决定因素也常常不可轻易地直接观察，只能通过许多间接实验来确定，但对于保证解释的经验特征是充分的。同样，某些动机的存在也可以通过间接方法确定，比如被研究者的言语、书面或口头片断，等等。只要这些方法可以通过合理地澄清和详述“操作上可决定的（operationally determined)”，那么两种解释间就没有什么本质不同。[①]

对于（ⅲ），亨普尔认识到这将是覆盖律解释的最大威胁，但是他认为这种解释程序本身是没有争议的，它同样要求：这个动机性的假定能被检验，并且可获得合适的普遍规律使假定的动机具有解释力。[②] 因此，同样满足覆盖律解释的条件。但是，既然程序本身没有问题，为何它对人类行动的预测力那么弱呢？不回答这个问题就会使亨普尔成为众矢之的。偏偏亨普尔没有正面回答这个问题。

实际上，论据（3）的关键在于理由（ⅱ），它蕴涵着间接实验方法不可能清晰地、详细地找到那些恰当的信念和期望。可能导致行动者的行动的信念、期望有很多种，科学解释要指出正确的那一组信念、期望，需有证据说明行动者的信念和期望归于他而不是归之于其他的信念和期望。

那么，如何知道行动者真正的信念和期望呢？最直接的方法是询问行动者本人，但是有时人们不一定会愿意告诉我们他们的真实想法，于是我们试图通过实验安排他们的环境使他们的意图显露出来，而识别信念、期望的唯一方式是观察，但是即使最简单的询问也包含了对主体的环境的安排，以及对他的观察，而且说话本身也是一种行为。比如，我们问史密斯，他是否想今天保持干燥或者想明天保持干燥，他发出声音“yes”。这是对我们的调查的肯定吗？也就是说，史密斯发出声音“yes”，是否是为了给我们的问题肯定的回答，并且相信声音“yes”可以给予我们这个信息？把史密斯发出的声音当作对我们问题的回答，至少要将这些信念和期望归于史密斯：（1）相信我们说出的话是用英语表达的问题；（2）相信我们理解英语；（3）相信我们想要一个关于该问题的回答；（4）相信英语中表达赞同的一个方式是发出声音“yes”；（5）期望对我们的问题表达赞同；（6）想要告诉我们他实际上所相信的；（7）想要诚实不对我们撒谎[③]。这些信念、期望的罗列并未穷尽史密斯可能的信念和期望，所以

---

① Kincaid, H.. Defending Laws in the Social Sciences [D] in Martin, M., McIntyre L. C. (eds.). *Readings in the Philosophy of Social Science* [A], 1994, p. 113.

② Hempel, C. G.. *Aspects of Scientific Explanation and Other Essays in the Philosophy of Science* [A]. New York: The Free Press, 1965, p. 255.

③ Rosenberg, A.. *Philosophy of Social Science* [M]. Oxford: Westview Press, 1995, pp. 38 - 39.

我们的识别还需要知道更多的进一步的信念和期望。如此无穷倒推，初始问题始终摆在我们面前。由此产生整体论的说法：除非我们知道行动者的大量信念和期望，我们才能确切地说她相信或期望什么，即个别的信念、期望不能独立于行动者具有的其他或所有信念和期望。只有知道足够多的信念和期望，才能理解行动的意义。反过来，我们只有理解了行动的意义，才会将那些信念、期望归于行动。这正是所谓的诠释学循环。所以，理解行动和识别信念、期望互相依赖，不可分开来看，要整体地看。

因此（ⅱ）得出的结论是信念和期望不是可以通过观察或实验识别的，而是通过进入诠释学循环，在其中信念、期望和行动三者的融贯是解释充分性的标准。而且我们看到，这种解释寻求信念和期望，是为了理解行动的意义，对行动有所评价，信念和期望是行动的理由而不是原因，因此目的论解释不是因果解释。我们知道大部分自然科学的预测力都来自于描述因果机制的规律，覆盖律模型的预测力大部分来自于这种因果规律，但是由（ⅱ）可知信念、期望与行动之间不存在这种因果规律，因此，解释程序不同于覆盖律解释，故而会有（ⅲ）。

亨普尔对（ⅱ）（ⅲ）的反驳显然过于简单，没有抓住要害，所以亨普尔对论据（3）的反面论证策略没能成功。

（二）正面论证

亨普尔建立一个包含目的的覆盖律解释模型的正面策略，是从批评德雷的合理解释中引出的。

1. 德雷的合理解释模型

德雷的合理解释拒斥把普遍规律归入解释项的做法，他的解释只有行动原则应用其中。德雷认为，行动的解释就是要重构那自知所处环境的行动者朝着选定目标采取某种方法的慎思推算。换句话说，解释的就是解释行动者在行动前对其所选定目标的思考，对其为达到目标而采取的手段的算计。这种思考和算计都是行动者在当时所处环境作出的，而先决条件是行动者对他所处的环境是知晓的。在德雷看来，一个解释是否成功，要视所重构的慎思演算是否和行动匹配，行动者的慎思演算和行动者的行动要形成一个逻辑等式，即：慎思演算 = 行动（c = a）。如果c 不能和 a 匹配，则要求解释者继续寻找以前所忽视的或没有显露的证据，再根据行动者的信念、目标和行动原则重构慎思演算直至相匹配为止。①

行动者的行动是通过有意地算计作出的，但是他可能会对其环境了解不全面，对事实和过程有误解，以及错误估计行动会产生的后果，这时我们要解释的就是他所依据的错误信念。可见，德雷认为理由是行动者的理由，因此行动的合理性不在乎研究者怎么想，怎么看。研究者要作为一个旁观者考察行动者的理由，若能较准确把握行动者的原则，解释还能预测某行动者在某局况中的反应。当然不一定每次成功，因为人是自由的，其行动也是自由的，既不可能受普遍规律支配，也不可能必然地被决定地发生某个行动。②

可见，合理解释的目标是："表明所做之事就是那种为某种理由而做的事，而不是纯粹根据某个原因或规律而做的。"③ 因此，考察行动者的信念和期望是德雷合理解释的必要步骤，获得行动者局况的方法是理解的方法，因为只有把自己置于研究对象的位置上，你才能理解为什么他要这么做。这种方法与移情方法类似，但是德雷要求该方法的目的在于解释而不是诠释：不仅是知道某种事实，而且还有带有反复试验性质，系统地提出满足解释行动的条件。而且德雷也肯定归纳方法的运用，通过这种方法用所掌握的有关慎思演算的证据来检验解释的结论，从而纠正解释结果的偏差。

总之，德雷主张的合理解释是在行动原则之下对发生事件的思想部分的理解，并通过对外在证据的归纳加以描述的，这种解释具有评价功能，对事件的发生作出辩护。它不同于覆盖律解释，不是严格的演绎推理或归纳推理，而要包括对行动者慎思演算的理解。它回答"为什么行动者 A 做 X"的形式如下④：

(R) ……A 处在 C 类局况下（C 是 C_1，…，C_n 的略称）

在 C 类局况下，合适的事件是做 X

---

① 易江：《W. 德雷的行动合理说明理论评析》，《华南师范大学学报》（社会科学版）1998 年第 3 期。

② 同上。

③ Hempel, C. G.. *The Philosophy of Carl G. Hempel: Studies in Science, Explanation, and Rationality* [A], J. H. Fetzer ed., New York: Oxford University Press, 2001. p. 290.

④ Ibid..

2. 亨普尔对合理解释的修正

亨普尔认为（R）中第一句是朴素的（plainly）、非价值判断的（nonvaluational）经验陈述。而第二句是行动原则的规范表述，从纯逻辑层面上看其作用像价值项一样。从二者的合取中能提供好的理由相信 A 做 X 是合适的，这只是正确作出这种论断的必要条件而不是充分条件。除非我们知道 A 的行动必是在他领悟那些理由之后发生的，否则我们就不知道他实际上为什么要做 X，而不是终止它。所以要做到充分解释行动者的实际行动，亨普尔认为，解释必须包括进一步的假设 L，为相信 A 实际做了 X 提供信念基础。预设 L 的内容是：A 是有理性的行动者，而且愿意去做既定局况所允许的事情。① 因此解释依赖于这种经验概括的真实性："A 是理性行动者或者有理性行动的倾向（disposition），并且在 C 类环境（circumstances）下，一个理性行动者总是（或很高概率地）做 X。"这样，对"为什么行动者 A 做 X"的解释成为如下形式②：

（R′）……A 处于 C 类局况中，

A 倾向（dispose）于理性行动，

在局况 C 类中，任何倾向于理性行动的人都会恒常地或高概率地做 X

亨普尔认为，在（R′）中用倾向类陈述取代了规范的行动原则来指称（refer to）潜在的理性原则（rationale），因此，三个句子都是描述性陈述，不再具有评价性质，它们对 A 的行动的解释是演绎的或归纳的。而且第三个陈述类似于普遍规律，因此，这类解释仍然服从覆盖律模型。依照同样的方式，那些把行动不归于理性而归于其他倾向（如性格和感情特征）的解释都可以符合覆盖律模型。

另外，亨普尔也反对理解的方法对于解释是必要的，这在他的反面论证中已有论述。他还指出，在许多所谓的目的性行动中，没有自觉地慎思演算，没有理性的演算引导行动者作决定。特别是在关键时刻，行动者实际没有这些慎思演算，理性的考虑在行动者形成决定时没有起作用，因此，德雷的行动原则在解释中的地位是虚构的。而且即使某些情况下，行

① Hempel C. G.. *The Philosophy of Carl G. Hempel: Studies in Science, Explanation, and Rationality* [A], J. H. Fetzer ed., New York: Oxford University Press, 2001. p. 305.

② Ibid., p. 291.

动的确有某种有意的推理（ratiocination），解释诉诸的是倾向，而不是“建构的”演算，所以解释是律则的。比如，对于初学驾驶者，加速、打灯、闪避乱穿马路的行人和动物、越线、判断交通标志等，这些操作是在城市交通体系中驾车的必备行为。开始他们需要有意的慎思和演算，但一旦他们掌握自如了，就会在一瞬间作出动作而不需有意地考量。[①] 这个习惯模式被视为包括一系列对不同局况的作出合适反应的倾向。

我们不妨列表对比一下亨普尔的正面论证对德雷的合理解释动了哪些手脚，下面是二者的关于解释模型的不同看法，如表 3.1 所示。

表 3.1　　合理解释模型与覆盖律解释模型比较

	合理解释模型（R）	覆盖律解释模型（R′）
解释的核心	行动原则	规律
解释相关	慎思演算	演绎或归纳（高概率）
解释的功能	评价和选择	选择
对 why—问题给出的回答	理由	原因

从表 3.1 对比中可以看出，亨普尔和德雷对于诉诸动机的解释采取的是两种截然不同的态度，亨普尔仍然坚持他一贯的统一方法论进路，认为这种解释也是覆盖律解释，因此对 why—问题给出原因。而德雷则针锋相对，他认为信念、期望与行动之间的联系是某种理由，因此动机解释要寻求规范的行动原则对这种理由作出合理的评价。虽然二者的理解有分歧，但是他们都在解决同一个问题，即“什么使信念和期望可解释行动?”

亨普尔的答案是规律，依据它可以从信念和期望逻辑地推出行动。为此，他要使得(1)(R′)成为严格的演绎推理或者归纳推理，(2)复归规律在解释中的核心地位，(3)(R′)中所有陈述都是可检验的。前面已看到，亨普尔的关键策略是添加了一个预设：A 是理性行动者。这里理性是指的是工具理性，因为亨普尔认为“理性行动者”是一种描述性心理学（descriptive-psychological）

① Hempel, C. G.. *The Philosophy of Carl G. Hempel: Studies in Science, Explanation, and Rationality* [A], J. H. Fetzer ed., New York: Oxford University Press, 2001, p. 293.

概念[①]。它必须由客观的经验应用标准（objective criteria of application）支配，不管行动者本人或研究者是否发现了这些客观标准，它们都对术语“理性行动者”起作用。在这种意义上，亨普尔称理性具有广义的倾向特性（broadly dispositional trait）：说某人是理性行动者是把一些倾向归于他，每个倾向是在特定局况下以特别的（characteristic）方式行动（behave）的趋势（tendency）。[②] 对这些趋势的详述必须包括如下信息：行动者的期望和信念、行动者其他方面的心理状态和生理状态、周围的环境等。信念和目的信念（end - in - view）是异于刺激—反应的高层倾向，属于动机理由，由于行动都有其动机理由，表明行动者是理性的存在，因此，根据行动者的动机理由和理性去解释行动者的行动就是表明它服从这些一般的趋势中的某一个，像例示一样。[③]

3. 理性假设策略的失败

我们明白亨普尔的良苦用心，他是为了表明信念和期望是具有经验内容的，可以验证，并且试图找到揭示信念、期望和行动之间存在规律的可能性的基础。但是我们不得不说亨普尔的这种处理是不成功的。

首先，亨普尔所说的“倾向”陈述是基于卡尔纳普的还原句理论（theory of reduction sentences）[④]。我们知道，卡尔纳普是统一科学纲领的代表，在他的理论中所有的陈述原则上都是可确证的，也就是说，所有的陈述都可以还原为观察语句，从第一章我们知道这种观点是站不住脚的，也就是说，用倾向类陈述取代了规范的行动原则来指称潜在的理性原则是没有可靠根基的。另外，仅仅所谓的“客观的应用标准”是不够的，且不论这种标准是否恰当。

因为，按亨普尔规定，“理性行动者”被视为由客观的应用标准支配的描述性心理学概念。（R′）模型实际是一个理性选择模型，“客观的应用标准”正是理性选择的依据，也是我们作出合适解释的基础。这个标准背后由数学中的决策论支持。决策论假定了理性的人拥有一个合理的优先序列模型，即理性的人认为 A 优于 B，B 优于 C，C 优于 D，那么在理

① Hempel, C. G.. *The Philosophy of Carl G. Hempel: Studies in Science, Explanation, and Rationality* [A], J. H. Fetzer ed., New York: Oxford University Press, 2001, p. 317.

② Ibid., p. 318.

③ Ibid., p. 292.

④ Ibid., p. 318.

性人的心目中 A 也优于 C 和 D，这个优先序列是可传递的。其次，决策理论认定拥有合理的优先序列模型的人，选择的对象都遵从效用最大化的准则论，亨普尔认为这就是理性的标志，可以用于个人行动的理性选择。但是期望是无法转换成一种优先序列的，甚至有些期望是互相矛盾的。同样，一个人可能有选择 A 优于 B 的理由，同时也会有选择 B 优于 A 的理由，决策理论不允许有这样的内容。因此目的论解释并不依赖于决策论的公理及其"理性的预设"。

而且，亨普尔所讲的理性指的是工具理性。然而，人类行为远比传统理性选择理论中的财富最大化的行为假设更为复杂。诺思（D. North）把诸如利他主义、意识形态和自愿负担约束等其他非利益最大化行为引入个人预期效用函数，从而建立了更加复杂的、更接近于现实的人类行动模型。人们往往要在利益与非利益价值之间进行权衡，在这两者之间寻找均衡点。① 韦伯也运用理想模型的方法将社会行动区分为四种类型：工具理性行动、价值理性行动、情感行动和传统行动。四种行动类型互相渗透交叉。因此，只用工具理性研究所有人类行动是不合适的。也许我们可以说亨普尔是对一个行为事实给予解释，并不限于理性的事实，也可解释心理的、情感的事实。但是，他是孤立地看待每一种类型的事实，而行动是多种类型事实的复合，孤立地分析每一事实都是不够的。

另外，是关于解释相关的问题。这个难题被萨尔蒙诊断为是"解释即论证"的逻辑经验主义教条造成的。亨普尔对解释相关性的要求是：所引证的解释性信息为我们相信被解释现象真的出现或曾经出现提供有力的证据。满足相关性要求的要么是演绎相关要么是归纳统计相关，因为都是在逻辑论证的层面，所以关键是找出相关的因素，而解释无关项渗入解释项中并不会影响解释的有效性。但是，一方面，解释无关项的加入事实上会影响解释的有效性；另一方面，低概率的事件或性质被当作解释无关项排除出解释中，但是低概率的解释有时也是有效的。比如，避孕药反例——所有服用了避孕药的男人都不会怀孕，因此，从约翰服用了避孕药这个事实我们可以逻辑的推出他不会怀孕。然而，这很难成为约翰为什么没怀孕的解释，因为无论他吃不吃避孕药他都不会怀孕。高概率的反

① 参见丘海雄、张应祥《理性选择理论述评》，《中山大学学报》（社会科学版）1998 年第 1 期。

例——卡尔纳普在其《科学哲学导论》中就举出这样一个例子[①]：

一个统计药物规律可能谈到有5%的人吃了某种食物会发生某种症状。医生对有这种症状的病人引用这个规律作为他的解释，虽然病人会不满意，但这个解释却是恰当的。然而，按I—S解释的高概率要求，我们不能根据解释项中的信息以低概率预期被解释项，相反我们可以根据解释项中的信息以高概率预期被解释项的逆命题。

回到信念、期望和行动之间的关系上，它们之间的相关可能有三种情况：一是实际上无关，它们之间并没有有意义的联系；二是实际上相关，它们之间相互影响，有可能是律则相关也有可能是整体的意义相关；三是因果相关，信念、期望引起行动，但是反过来不成立。我们看第一种情况，如果这种关系没有辨认出来，用此而建立起来的解释就会被人们接受，而覆盖律解释没有设置限制条件将它们排除出去，因此，它们完全符合（R′）。面临这些困境，直接地看，解决的办法是设立限制条件，要求解释中包含所有相关项，并排除出所有无关项。从科学哲学对亨普尔的批判看，他设立的逻辑条件和经验条件并不能排除解释无关项。

我们还有一个更迫切的问题：根据信念、期望，什么被理解了？如果被理解的是行动的理由、规范标准，那么诉诸信念、期望的解释就是如德雷所主张的合理解释一样，是寻求理由的解释，具有评价功能。如果被理解的是行动的原因，那么在此坚持覆盖律解释模型才可能。但是，如上所述，亨普尔加入理性行动者的预设是不合适的，而且识别信念、期望与行动需进入诠释学循环，对它们的识别要采取整体论的观点。因果关系不涉及诠释学循环，而期望和行动之间涉及诠释学循环，这样信念、期望与行动之间就不是因果关系了，在它们之间能找到律则关系似乎不太可能，这样覆盖律解释模型最关键的要求——解释项中至少有一条规律，而且这些规律是推导被解释项时所必需的——无法满足，亨普尔的正面论证就此全面崩溃。

① ［美］卡尔纳普：《科学哲学导论》，张华夏等译，中山大学出版社1987年版，第7页。

第三节 推广覆盖律解释失败的启示

亨普尔正反两面论证都未能说服我们相信社会科学中的目的论解释实际上也符合覆盖律解释模型，是否由此可以推断覆盖律解释模型在社会科学中不适用呢？或者社会科学中的没有诉诸原因的解释呢？立即下结论是轻率的。

一、覆盖律解释的逻辑论旨和规律论旨都不适于社会科学解释研究吗?

策略失败并不意味着方向错误，这要看覆盖律解释模型的主要思想是否适于社会科学解释。那么，覆盖律解释模型的主要思想是什么呢？我们已知可以归结为两条：(1)（T_1）逻辑论旨，即科学解释展现解释项与被解释项之间的演绎关系或归纳关系，简言之，科学解释是演绎的或归纳的。(2)（T_2）规律论旨，即科学解释是给出原因的解释，原因由规律揭示，所以科学解释中必含有至少一条规律或似律陈述。(此处原因指与理由相对的在“because”之后的内容，包括因果关系中的那个“因”)（T_1）和（T_2）就是覆盖律解释的逻辑条件中的前两项。为什么是这两项呢？因为亨普尔反对德雷的合理解释最主要的理由是：合理解释不能解释为什么行动者实际上作出了行动，而覆盖律解释却可以回答。要确定地回答行动实际上是如此发生的，最符合的情况是被解释项由解释项演绎地推出，能保证演绎顺利进行的在亨普尔眼里就是规律了。只是后来发现很多规律是统计规律，解释项和被解释项之间也可能是归纳推出的关系，为了保证确定地推出，亨普尔加了普遍可期望的要求。

首先，我们看（T_1）。（T_1）抛出了亨普尔对科学解释研究的看法：科学解释就是逻辑的句法—语义分析。这包含两层意思：(1) 借助于逻辑，一切科学知识都能从观察所与的事实那里推导出来，而且蕴涵着逻辑形式是科学解释和科学知识的本质的观念。亨普尔坚持“解释即论证”的原因就在于此。(2) 逻辑上理想的科学语言，是统一科学的基础，它具有主体间的有效性和无歧义性。通过将科学解释过程逻辑化，建立一个严格的关于科学解释的句法—语义系统，消解主体意向意义的相互理解问题。最符合上述要求的应该是演绎论旨，可是大量科学规律都是统计性的，不可能逻辑必然地从解释项推出被解释项，亨普尔进行了弱化，允许归纳推理进入解释范型中，但是他的方向还是要求解释的确定性和客观性，因此相继给出最全特征要求、普遍可期望要求，但是都遇到了难题。而且，解释的归纳推理都很难再保证所做的覆盖律解释能回答行动实际上被作出了，那个亨普尔当初反对合理解释的理由现在看来同样可以拿来反驳亨普尔自己了。

另外，在语言学层面，维特根斯坦的后期哲学已阐明了逻辑经验主义的片面性，语用分析作为语言分析中不可或缺的部分被逻辑经验主义忽略了，因此，亨普尔的分析如若限定在句法—语义分析层面，覆盖律解释模型不会得到根本的改善，它也不可能成功运用于阐释科学解释或者社会科学解释。范·弗拉森正是从这个角度给予批评的。萨尔蒙也对“解释即论证”进行了批评，认为这是覆盖律解释模型遇到大量反例的根源。可见（T_1）是覆盖律解释难以在社会科学中推广的失败之源。

考察（T_2）要关联到一个古老的问题：科学家凭什么作解释？我们回答说凭科学理论，应该不会有什么异议，但是看来似乎稀松平常，我们还是会进一步问科学理论为何可以作解释？科学理论如何作解释？教科书中最多的回答可能是：因为科学理论揭示事件间的律则性，或者因为科学理论揭示事件间的因果关系。（T_2）属于前一种回答，科学活动中也确实有大量运用规律解释现象的例子。而且亨普尔有很好的理由认为后一种回答不完全，他举出了例子，如用万有引力规律为自由落体规律提供解释就不属于因果解释，但是覆盖律解释却可以包含这样的解释。

另外，从我们对亨普尔的反面论证的详细推进中可知，反对社会科学中存在规律的理由都是不成立或不充分的，所以并没有合适的证据表明（T_2）方向错误，或者不能实现。

可见，亨普尔的覆盖律模型并非完全方向错误，他推广失败的根源还是在其逻辑经验主义基础上，但是，（T_2）却是科学解释的合理部分。只是，限于哲学背景，亨普尔避开对因果性的讨论，用外延逻辑来分析规律的本质，导致其难以和偶适概括区分开，也在解释相关的限定上容许解释无关项的进入，因而陷入了一个个困境（如不对称性问题、不相关反例、低概率问题等）。因此，这启发我们从语言学的角度看，对科学解释的进一步分析不但要进行语义研究，还要深入研究解释相关的语用问题。

二、覆盖律解释模型可以作为社会科学解释的典范吗？

有些学者认为将价值项加入覆盖律模型中，可以反映社会科学解释的模式化（如曹志平，2002①），并且仍保留了解释相关的高概率要求，但是除非他们能说明加入价值项可以消除解释无关项混入覆盖律模型的可能性，我们才能认为他们的改进是成功的。

覆盖律解释模型能作为社会科学解释的典范吗？不能。因为虽然（T_2）方向不一定错误，但是覆盖律模型是一个整体，这个整体是以逻辑经验主义为基础的，覆盖律模型在科学哲学中遇到了很多危及其基础的反例，随之对反例进行解决的讨论中萨尔蒙的因果解释模型、凯切尔的统合模型、范·弗拉森的语用模型等各自挖掘出覆盖律解释的致命缺陷。他们也都承认（T_2），又在重建科学解释的模型中各有优势，而且没有哪一个可以完全优于另外一个，科学解释呈现出多元化趋势。在这种局势下，再选择覆盖律解释作为讨论社会科学解释的始点是不合适的。但是，虽然萨尔蒙、凯切尔等人批判覆盖律模型，没有达成新的一致意见，但是可知这些分歧根源于三个问题：（Q_1）是否存在科学规律与偶适概括之间的客观区分，或者这种区分只纯粹是认识论或语用上的吗？（Q_2）有没有特定事件的统计解释？由于 I—S 模型的高概率要求和本质上的认识相对性，它遇到了很多困难，于是有些人认为覆盖律模型不可能复活，解释只能是演绎性的，我们只能解释“世界是如何运作的”，而非“发生了什么”，也就是只能说明被解释项发生的可能性，而不能说明它确实发生了。（Q_3）解释有两条不同进路：“从下至上”和“从上至下”，它们也可以分别描述为“局部的”（local）和“整体的”（global）。萨尔蒙坚持从下至上的进路，开始于寻找特殊的因果关系或弱化的经验概括，再达到对特殊事实的局部解释，最后到更基础的因果机制或更广泛的理论。而凯切尔主张从上至下的进路，首先寻找最广泛的理论以及它们对我们知识的统合，然后通过将被解释项嵌入（fit into）整体模式中而对之进行解释。什么是规律或因果关系，取决于它在最简单、最广泛理论中的位置。② 对上述问题采

① 曹志平：《论定律解释》，《科学技术与辩证法》2002 年第 2 期。

② Salmon, W. C.. *Causality and Explanation* [M]. New York, Oxford: Oxford University Press, 1998, pp. 316 - 317.

取不同的进路会有不同的解释观。

我认为，这三个问题都是来自于（Q_1），因为（Q_2）（Q_3）产生于覆盖律模型带来的一系列问题，而覆盖律模型的核心是规律，规律为何具有解释功能并没有被亨普尔详细讨论，因为他只用外延逻辑来刻画规律，没有注意到规律还包括对其逻辑形式的物理解释，而对规律的进一步研究会涉及类似于（Q_3）的两条不同的进路。对统计规律的本性必然涉及对概率本质的讨论，因此引发（Q_2）。所以讨论社会科学解释依赖于对规律的认识。

三、社会科学解释都归结为意向性解释吗？

具体到社会科学中，亨普尔只是着重处理了意向性解释，而在意向性解释中，信念和期望到底是行动的原因还是理由，需要进一步的考察。因为，虽然亨普尔的策略不成功，但是德雷主张的合理解释也是无法实现的。德雷要求研究者以旁观者的身份观察行动者的信念和期望，类似于要求价值中立原则，第一章已经指出这是不可能的。因此，德雷主张给出理由的解释也不可作为我们否定亨普尔后立刻接受的立场。

除了意向性解释，实际上社会科学还有大量的功能解释。社会科学的功能解释是作为主要的独立的解释类型，还是和覆盖律解释相容的？亨普尔似乎将功能解释、动机解释都归为目的论解释，而且始终局限在信念、期望与行动之间的考察。实际上，目的论解释暗示了一种个体主义的取向。我们由温奇的分析可知，理解一个人的意向是需要理解这个人所在的社会制度或社会规范。维特根斯坦也论证了私人语言的不可能，因此虽然意向与行动看似属于对个人的理解，实际需要在行动所在的社会系统的整体框架下考虑。这样，对社会规范在意向性行动中的解释地位出现了分歧。

个体主义来自诠释学传统。比如韦伯，他认为社会事件由文化事件构成，而文化事件的规定包含两个基本的要素，那就是价值和意义，这二者又是与人的期望、信念联系在一起的。按照这种方式理解，信念、期望应该作为行动的理由，社会行动研究的关键就在于理解社会组成成员的信念、期望等意向以及各成员遵从的规则、习俗或制度等。但是，源自于实证主义的群体主义方法论却采取不同的方式看待社会对象。典型的如迪尔凯姆，他认为社会研究的对象是社会制度和社会过程，个体的行为也是群体特征的反映。他在其著名的《自杀论》中，用大量的统计数据表明自杀这种私人性的行为实际上是一种特殊的社会现象，它跟遗传因素、心理状态、个人素质、自然条件无重大关系，然而它跟社会环境、宗教信仰、文化程度和两性差异却有密切的关系。这两种对立的方法论实际上讨论同样的问题：在解释中起作用的是规范还是规律？规范在解释中的地位是怎样的？个体主义说行动是合理的时候，意指行动者有特殊的理由采取行动，这是强调行动者的意义，规范在对行动的理解中起主要作用。群体主义则强调外在因素对行动的作用，因此解释中寻求因果概括或规律。

亨普尔将覆盖律模型运用于社会科学中，除了关注规律的合法地位，也关注规范的作用。但他只是将规范的考虑置于工具理性的框架中，没有考虑价值理性等，这可以说是其被反自然主义攻击的又一要害。规范提供给意向性解释以可理解性，这也是社会科学解释之为社会的特征。我们要辩护的自然主义社会科学解释观是否一定要排除这种可理解性呢？从社会科学的特征看，早期自然主义不能容纳这种可理解性，可是这恰恰是他们基于逻辑经验主义科学观的结果。在新的科学观平台上，规律观、解释观都融入了语用因素，自然也需要重新看待规范、理解与社会科学解释的关系。

综上所述，我们在亨普尔的失败中得到启发，为辩护自然主义社会科学解释观必须进一步考察下面两个问题：一是关于社会科学规律的存在的问题；二是根据意向与行动之间的解释是否有保留其可理解性的同时又被归入因果解释的范畴的可能性。对于前一个问题，我们将在第四章进行讨论；对于后一个问题，由于规范用来衡量可理解性，那么规范是否能进入社会科学解释成为上述可能性讨论的关键，故第五章讨论规范在社会科学解释中的地位问题。

【文献综述】

亨普尔将覆盖律解释思想运用于社会科学的主张始见于1942年的文章“The Function of General Laws in History”（收于（1）Aspects of Scientific Explanation and Other Essays in the Philosophy of Science（1965）中，中译文《普遍规律在历史中的作用》发表于《哲学译丛》1987年第4期），进一步将成熟的覆盖律解释模型运用于社会科学的文献主要是（1）

中的“Studies in the Logic of Explanation”（1948）和（2）The Philosophy of Carl G. Hempel（2001）中的“Logical Positivism and the Social Sciences”（1963）；“Explanation in Science and in History”（1963）；“Reasons and Covering Laws in Historical Explanation”（1963）和“Rational Action”（1962）。这五篇文章都主张社会科学中有省略的解释概要，由于存在普遍规律，所以这些解释概要经过填充可以符合覆盖律模型。对于社会科学解释的其他模型，如目的论解释，尤其是德雷的合理解释模型，亨普尔批评它不是合适的科学解释，并认为用信念、期望解释行动的程序也符合覆盖律解释模型。“Explanation in Science and in History”、“Rational Action”和“Reasons and Covering Laws in Historical Explanation”主要反映了亨普尔采取正面措施建立信念、期望与行动之间的覆盖律解释模型的工作。而反驳对他的解释观的批评的论证则上述五篇文章中都有论述。

本书支持亨普尔反面论证的主要资源来自于：金凯德（H. Kincaid）的“Defending Laws in the Social Sciences”（1990）和麦金太尔（Lee C. McIntye）的“Complexity and Social Scientific Laws”（1993）（两篇均收于（3）1994年迈克尔·马丁和李·C. 麦金太尔主编的*Readings in the Philosophy of Social Science*）两位作者都主张以社会科学的复杂性和独特性为理由不足以证明社会科学中不存在规律，因此维护覆盖律解释模型在社会科学中的运用。

对亨普尔为坚持覆盖律解释模型在社会科学中的运用而采取的策略，直接进行评价的有戴维森（D. Davidson）的“Action, Reasons and Causes”（1963）（收于（3）中）和易江的《亨普尔的“行动归入说明”理论述评》（《自然辩证法研究》1998年第7期）。戴维森持反对意见，认为亨普尔在行动解释中加入“理性行动者”的假设是多余的，其依据的决策论用于行动解释也是不合适的。易江则介绍了七种对亨普尔的行动解释观的不同看法，给本书提供了一个较全面的概观。另外，萨尔蒙（1989）则清理了覆盖律解释遇到了各种反例，以及后人对覆盖律解释模型的改进，这为本章评价亨普尔将覆盖律解释模型向社会科学的推广提供了参考背景和分析思路。

德雷是拒斥把行动归入普遍规律的做法，他坚持合理解释模型，通过具有评价功能的“行动原则”取代规律的地位，行动原则表述为“当处在形式为C_1，…，C_n的局况（situation）下时，要做之事为X”，局况这个概念包括了行动者的目的和信念，不等同于环境。获得局况的方法事理解的方法，行动的合理性取决于行动者所处的局况。因此解释的目标在于表明行动者所做之事就是为某种理由而做的事。关于德雷的这些观点的参考文献主要是德雷的《历史哲学》（1988）和易江在《华南师范大学学报》（社会科学版）1998 年第 3 期上发表的论文《W. 德雷的行动合理说明理论评析》以及亨普尔（1963）的文章中相应的引用部分。

为本书提供背景参考的文献是：洪谦的《逻辑经验主义》（1982）和罗森堡（A. Rosenberg）的 *Philosophy of Social Science*（1995）。前者为我们理解亨普尔坚持覆盖律解释模型提供哲学背景参考，后者的第一章梳理了对信念、期望与行动之间关系的不同看法的合理性和局限性。

第四章　规律、原因与社会科学解释

经过第三章的讨论，我们应该不会奇怪，为何覆盖律解释模型在社会科学中推广策略失败，“社会科学中是否存在规律?”这个问题却仍然是社会科学解释研究的一个重大问题。一方面，亨普尔之后的科学哲学家在科学解释的讨论中仍然保留着规律论旨，故而自然主义也会坚持社会科学（解释）中也存在着规律。另一方面，反自然主义最极端的观点认为社会科学中根本不存在规律，价值与意义在社会科学中是不可或缺的，这使得社会科学关于社会现象的研究方法不同于自然科学研究自然现象所采用的方法，应该使用“诠释论”方法，即在“理解”的基础上探求对象意义的方法，而诠释根本无须规律，但是诠释项与被诠释项之间依然存在某种联系，这种联系通常用“规范”或“约定”来表征。可见，对于规律问题，自亨普尔倡导覆盖律解释以来，始终是争论激烈的。但是，有一点需要注意的是：对规律的反驳并非就可以反驳社会科学解释的存在。因为，规律论旨虽然是覆盖律解释模型的必要条件，但是不说明它就是社会科学解释的必要条件，多元论认为社会科学解释是不同于自然科学解释的，因此，否认规律存在可以反驳覆盖律解释的有效性，但是不一定能反驳存在社会科学解释。根据这个背景，我们进一步考察规律在联系信念、期望和行动之间的解释中到底扮演何种角色。

最近发生在金凯德（H. Kincaid）和罗伯茨（J. T. Roberts）之间的关于社会科学中是否存在规律的论战基本反映了当代自然主义与反自然主义对于规律在社会科学解释中的地位的看法。我们将以这场论战为平台，分析这样几个问题：自然主义和反自然主义的视野中对“什么是社会科学规律”分别持怎样的观点？依据什么？有什么问题需要进一步探究？最后尝试刻画社会科学规律的特征。

第一节　罗伯茨：不存在社会科学规律

一、基本观点

关于社会科学规律的讨论首先需要澄清何谓科学规律或者似规律。随着科学哲学的发展，科学规律观已经不再陷于古德曼（N. Goodman）、亨普尔等人所作的句法分析，现在更多的哲学家关注规律的语用条件。正是基于这个背景，金凯德和罗伯茨展开了辩论。也就是说，在规律的语用条件认识方面，两人是一致的，但侧重点不一样。

罗伯茨的基本观点有这样几条[①]：（1）反对科学的本质是发现规律，认为解释中不一定含有规律。（2）什么是规律没有一个无争议的答案，"真的、逻辑上偶然的、在解释中起作用、支持反事实推理"都不能将规律与其他陈述区分开。（3）"规律是什么？"的回答在于我们以哪种方式消除该问题的模糊意义，故而回答社会科学中是否存在规律依赖于我们怎样澄清问题。（4）如果有社会科学规律，也必定是设限的，但是没有理解"设限规则"的方法让我们使设限规律有意义。（5）社会科学不需要假定规律。

关于科学的本质限于本书篇幅，在此不进一步展开。但是的确有的解释不一定需要规律，比如斯克里文（M. Scriven）提出的墨水污染地毯反例（1959）。靠近约翰教授书桌的地毯上，有一片黑色的污渍。他解释道：昨天有一打开了盖的墨水瓶放在桌子边，我不小心用手杖将它打翻在地，于是墨水洒在地毯上了。这个解释无须规律。而且规律的确没有一个本质的定义，这可以从维特根斯坦那里找到理论支撑：也许科学规律就是维特根斯坦所说的"家族类似"类，它们表征的是"一种错综复杂的互相重叠、交叉的相似关系的网络：有时是总体上的相似，有时是细节上的相似"[②]。另外从哲学家寻找规律的本质的探究过程，也反映了不断有反

---

① Roberts, J. T.. There Are No Laws of the Social Sciences [A]. in Hitchcock, C.. *Contemporary Debates in Philosophy of Science*, 2004, pp. 151 – 159.

② [奥] 维特根斯坦：《哲学研究》，李步楼译，商务印书馆 2002 年版，第 48 页。

例无法被包括在所定义的条件内。例如，罗伯茨举了这样一个例子："所有的海水都是咸的"支持反事实句：如果我现在喝一口来自大西洋的水，那么我将会立刻做一个难受的表情。它还能在解释中起作用，例如解释为何生活在海洋的生物体具有特定的生理学特征。[①] 但是罗伯茨认为"所有的海水都是咸的"不是一条规律，因为它太脆弱，它是偶然事实，由地球恰好是这样的初始条件推出，这些条件也可以不是这样而不需要违背自然律。但是，（2）所举的特征一定程度上刻画了大部分规律的特征，或者说典型的规律具有这些特征，因此，罗伯茨认为如果社会科学中有规则符合（2）所列条件，并且足够强（robust）而不会由于和上述关于海水的规则同样的原因被视为是非规律的，那么就说明社会科学中可能存在规律。

维特根斯坦的语言游戏观在分析哲学中开辟了语用学分析的方向，既然规律是家族类似概念，那么按此进路会强调对规律问题的语用学分析进路。同一个问题，提问者的旨趣不同也会导致回答不同，这个道理用到"什么是规律"的澄清上同样有效。在这一点上，罗伯茨比以往的学者更为重视，他的做法也是有道理的。然而，但凡采取语用进路的都要面临和相对主义如何保持距离的问题，罗伯茨试图用"robust"来挽救，只是说得不明不白，让人有些遗憾。

综上所述，罗伯茨的观点（1）—（3）都是合理的，它们是经典规律观遭到质疑后自然会得出的推论，也打消了为规律提供统一的规范性定义的企图。但是这些观点已经为大多数哲学家所认可，故而没有特别的新见。他的独特见解在于（4）和（5）。他的策略是从正面分析规律，从规律的 CP（ceteris paribus）形式入手，切入对社会科学规律的讨论。他的论证思路是这样的，通过澄清问题"社会科学中是否存在规律?"把社会科学规律视作完全在社会科学主题内的规律，即不可还原为自然科学规律。然后根据如下论证给出问题的否定回答：[②]（ⅰ）如果存在社会科学规律，那么它们是设限（hedged）规律。（ⅱ）不存在设限规律。所以，不存在社会科学规律。

---

① Roberts, J. T. . There Are No Laws of the Social Sciences [A]. in Hitchcock, C. . *Contemporary Debates in Philosophy of Science*, 2004, p. 156.

② Ibid. , p. 159.

下面，我们来具体分析罗伯茨的论证关键和不足。

二、设限规律与社会系统的多元可实现性

首先，罗伯茨认为问题“社会科学中是否存在规律?”可分为这样三个不同侧重的问题：（a）社会科学家是否发现过规律?（b）在社会科学的主题中是否真的存在规律?（c）成功的社会科学是否假定规律?①

由于规律是被经验证据良好确证的假说，观察是由理论决定的，因此规律是相对于范式而言的，当范式被改变或取代时，规律就不是规律了。所以很难对问题（a）给予肯定的回答。

问题（c）涉及两个概念：“成功的社会科学”和“规律”。罗伯茨认为“成功”的衡量标准在于科学的可作为证据的标准，社会科学与自然科学的最大不同就在于社会科学有多个范式共存，因此衡量成功的标准也会有多个甚至互相冲突，那么，对成功的理解不一样，会有不同的答案。而且社会科学的经验研究中也有不求助于规律的理论，因此，自然主义也可能给出否定的答案。

要回答问题（b）就得辨析社会科学的主题是否允许存在满足科学规律的诸条件。在这一点上，自然主义和反自然主义会出现相反的解答，就此进行辩论才使论题显得有意义。罗伯茨正是从此入手进行他的否定性论证。因此，回答“社会科学中是否存在规律?”主要针对的是问题（b）。其肯定性回答有两层意思，不但社会科学中存在规律而且要存在完全在社会科学主题内的规律，即不可还原为自然科学规律，需辨析社会科学的主题是否允许存在满足科学规律的诸条件。因此，罗伯茨正是从此入手进行他的否定性论证。

罗伯茨接下来的论证集中在设限规律的设限条件。罗伯茨的核心论据是多元可实现性，论证的前提是区分出三种可能是规律的规则：严格规则、统计规则和设限规则。为了反驳罗伯茨的观点，我们简要地拟出罗伯茨的攻击策略：

先是通过分析经济学的供需规律，指出该规律实际运用过程中会遇到很多反例和干扰情况，因此说该规律是设限规律。这一论述的背景是罗伯

① Roberts, J. T.. There Are No Laws of the Social Sciences [A]. in Hitchcock, C.. *Contemporary Debates in Philosophy of Science*, 2004, p. 158.

茨区分出三种可能是规律的规则：严格规则、统计规则和设限规则。严格规则形式上是全称条件句，具有普适性；统计规则形式上是统计概括，刻画一个不严格限制的范畴[①]；设限规则有时也称为“ceteris paribus 规则”，“ceteris paribus（CP）”的字面意思是“其他条件均相等”，但罗伯茨将之理解为“没有阻碍条件或干扰条件”[②]。罗伯茨认为这样的规则形式上可以是统计的，也可以是非统计的。它们的特征是承认在许多情况下有例外，这些情况不很清楚，但是用特定说明性短语“阻碍”（disturbances）或“干扰”（interferences）概括。然而，严格地说，大部分规律都是要附加“其他条件均相等”条件的。比如，牛顿万有引力规律也至少要考虑电磁力、核力的影响，而且只适用于宏观低速状态，所有这些也不能概括完可能出现的例外，故而标准的牛顿万有引力规律也是设限规则。另外，诸如理想气体规律这样本身就是理想状态下的规律，严格地说，运用此类规律时我们都要加一限定性短语“理想状态下”，这也应属于罗伯茨所说的设限条件，因此这类规律按罗伯茨的说法也应归于设限规则类。全称形式的规律尚且如此，统计形式的规律同样面临此问题，故而如果按罗伯茨现在的划分，要么许多公认的严格规律和统计规律只能归于设限规则的范畴，而不能分别归于严格规则和统计规则的范畴，要么接受公认标准，导致严格规则和统计规则会和设限规则有交集。前一种情况，无法符合科学实际，后一种情况明显是分类不当，两种情况都表明罗伯茨的划分有问题。

问题出在哪里呢？关键是罗伯茨混淆了规律（或规则）的表面形式和深层形式。严格规则的全称形式和统计规则的统计形式相对于设限规则所指的 CP 形式来说，区分成两类：一类是深层的全称形式或统计形式；另一类是深层的 CP 限制的全称形式或统计形式。大部分的规律根本上首先是 CP 形式，然后才会有全称的还是统计的区别。虽然深层表达上来看仍然有全称形式、统计形式和 CP 限制的全称形式或统计形式，但是这不

① 罗伯茨认为，严格限制范围的统计规则描述许多偶然原因造成的结果的局部（local）条件，例如，“我现在拥有的袜子中四分之三是黑色的”。不严格限制范围的统计规则具有规律所要求的一般性（generality），如“任何一个铀－238 原子具有 0.5 的概率在 4.5 亿年后衰变”。（Roberts，2004，p. 154）

② Roberts，J. T.. There Are No Laws of the Social Sciences［A］. in Hitchcock，C.. *Contemporary Debates in Philosophy of Science*，2004，p. 154.

符合分类的基本逻辑规则，而且科学实际中往往会将第三类表达的规律视作第一类或第二类表达的规律。罗伯茨的这种混淆表明他并未真正把握规律概念的理解脉络。他的误解削弱了他的攻击力度，原以为是强火力，结果对于社会科学规律的支持者来说可能只是星星之火。但是，为了遏制其燎原可能性，我们还得继续考察罗伯茨的下一步策略。

在罗伯茨眼中，自然科学主题范畴内，CP 不需要考虑人的意向性这种内在因素，而社会科学的主题内，意向性往往是不可逃避的课题。因此，他攻击自然主义社会科学规律观的要害是有关意向性的问题：社会科学是否允许满足设限规律存在的条件？他的答案是“否”，依据是社会系统的多重可实现性和复杂性。罗伯茨要证明社会科学中没有不是设限规律的规律。主要理由是：社会系统是多元可实现于物理系统的，即社会系统可以由多个物理系统实现。社会系统随附于物理系统，但是不可还原为物理系统。接着他进行一般性的论证，假定有一条规律假设：在环境 C 中，一社会系统 F 将展示（exhibit）行为 G。C、F、G 都属于社会科学的主题范畴。那么 C、F、G 都是多元可实现的，但是即使 C、F 能被物理系统所例示，很有可能出现的结果无法被 G 所覆盖。例如，假设 F 指通货膨胀，C 代表通货膨胀的环境，有这样的物理系统可以例示在 C 中的 F 系统：在一个几小时后便要和大彗星相撞的行星上的人群（population）（或者被一种新型致命的病毒攻击的人群，或者处于暴风路径上的人群，等等）。[①] 在这样的系统中根本无法预料结果会怎样，任何古怪的行为都可能出现，G 若是能包括所有这些结果就会成为一个无穷析取支，其信息量会相当贫乏，G 若不能包括所有这些情况，就需要承认有例外，并且是设限的。因此，该规律假说一定要承认有例外，故而是设限规律。上述论证中，系统是一个模糊的概念，撇开这个不谈，即使社会科学规律都是设限规律，如果存在这样的设限规律，也能给问题 b 肯定的答案。但是罗伯茨认为不存在这样的设限规律，他首先详细讨论了设限的几种含义，然后一一反驳。

罗伯茨认为 CP 或者“设限的”更准确的理解应为“没有干扰因素的

① Roberts, J. T.. There Are No Laws of the Social Sciences [A]. in Hitchcock, C.. *Contemporary Debates in Philosophy of Science*, 2004, p. 161.

条件下”。但是对“干扰”却有不同的理解，至少有这样三种理解[①]：

1）“干扰”意指我们能识别的事件或环境，它们作为使得即使 A 发生，B 却没有发生的原因。

2）“干扰”指在某个特定的、有限的事件集或环境集 I 中的事件或环境：（a）我们能独立地识别集 I，因为它是所有存在 A—B 规则的例外的情况的范围（range）；（b）我们虽不能如此识别集 I，但可以理解在该语境下“干扰”意味着什么；（c）我们不知道如何识别集 I 或理解任何算作干扰的情况的范围。

3）“干扰”只意味着 A 发生而 B 没有发生的所有情况。

若 CP 如情况 3）所述，那么设限规律就是同义反复句：“若 A 发生，则 B 会发生，除非 B 不发生”。在 2）（c）情况下，设限规律虽然不是同义反复句，但是这样叙述的话，我们根本不知道我们在说什么。在 2）（a）情况下，我们实际上得到一条严格的规则：“若 A 发生，而且在集 I 中的事件没有发生，那么 B 会发生”。情况 1）容纳了太多的不是规律的陈述，如不管 F 是什么，甚至 F 完全和 G 不相关，我们都可以得出这样的规则：“所有 F 具有性质 G，除非有什么干扰。”[②] 剩下 2）（b），朗格（M. Lange）说这是很正常的，没有什么可以质疑的。因为我们在理解许多句子时，也是不用给出有信息的定义的。如同维特根斯坦后期哲学所主张的，语言是遵循规则的活动，处于其中的人们参与游戏，即使他们不能说出每一个规则。所以物理学家能拥有含蓄的对哪种东西会算作 CP 包含的干扰的理解，即使他不能写出这些东西的完整的清单。也就是说，科学家能分辨是否某一特殊的详细列出的条件被 CP 包容，而无须实验检验是否规律在那些条件下被违背了。[③] 这属于共同体中不可言传只可意会的默会知识（tacit knowledge）。语言游戏中的成员都能确定地知道如何运用规则。

但是，罗伯茨认为设限的社会科学规律的复杂度远远高于物理系统，因此不可能像朗格所说的那样具有类似的默会知识。“社会系统由极其复

① Roberts, J. T.. There Are No Laws of the Social Sciences [A]. in Hitchcock, C.. *Contemporary Debates in Philosophy of Science*, 2004, p. 162.

② Ibid., p. 163.

③ Ibid., p. 164.

杂的物理学系统构成，社会科学类是多元可实现的，因此任何社会规则被违背的情况包括极其复杂的潜在物理系统的状态（states），这些状态不能根据社会类而特征化。很难拥有一类方法，掌握类似于朗格在物理学中所举的所有可能条件，而且也不可能进一步分辨是否该潜在物理系统的特定物理状态被 CP 从句所覆盖，因此，朗格的建议无助于设限社会科学规律的情况。”① 这一段论述很难有说服力，他的理由是复杂性，来自于社会系统的多元可实现性。但是第三章中，我们已经表明复杂性不是反驳社会科学规律不存在的充分条件，而且由复杂性得出没有理解设限规则的方法也是没有根据的。罗伯茨实际上误解了朗格的意思。罗伯茨认为朗格的意思是在物理学中，设限规则的 CP 都是限制外力的干扰，言下之意是说可以通过控制其他外力的方法理解设限规则从而使设限规律有意义，而由于社会系统极其复杂，没有控制其他外力的方法理解设限的社会科学规则，故没有设限的社会科学规律。但是例如，气象学、天文学、医学的主题都是复杂的，而且也很难控制其他外力，可是实际表明依然有方法理解设限规则。朗格言及的理解是科学共同体的默会知识，这种理解是人类的理性能力，只要范式确定了，在范式中工作的成员必然理解 CP 是什么意思，否则他就不是科学共同体的一员。而任何设限规则都是相对于范式而言的，故有无控制其他外力的方法并不是理解设限规则的阻碍。

三、小结

综上所述，罗伯茨反驳社会科学中存在规律的论证是没有说服力的，他的不足主要在于以下几点：（1）混淆了规律（或规则）的表面形式和深层形式。将严格规则、统计规则和设限规则列为同一分类层次。（2）认为社会系统的多元可实现性导致的复杂性是理解设限规则的障碍。（3）误解了朗格理解 CP 的观点。

但是，罗伯茨也有合理的地方。他指出，规律没有一个本质的定义。他的论证焦点是设限规则，他对设限的含义的分析澄清了设限对于规律的作用。他向我们展示了 CP 蕴涵着规律成立是有语境的，相对于科学共同体的知识背景，不需要我们清晰地识别规律的所有干扰因素，但可以理解

① Roberts, J. T.. There Are No Laws of the Social Sciences [A]. in Hitchcock, C.. *Contemporary Debates in Philosophy of Science*, 2004, p. 164.

在该语境下“干扰”意味着什么。按这样理解，CP 不但包含“设限的”或“没有干扰的”的意思，还包含规律成立的语境，因此，“设限的”不能完全表达 CP 的意思，本书建议直接用 CP 表达上述所有意思。

如前所述，几乎大部分普遍形式和统计形式的科学规律都是 CP 规律（CPL），严格的普遍规律和统计规律都是极少的。而且根据库恩的理论，规律是相对于特定的范式而言的，它只在它所使用的范式内普遍有效，并且能被例示。在其他的范式中规律也许就不是规律了。在特定的范式中，CP 从句并非会阻止 CPL 得到例示，我们谈 CPL 强调的是“L”是一种理想状态，科学实践中 CP 从句的作用就是联结理想状态和现实情况，而不是为了突出“L”的边界条件。我们运用“L”时不一定（也不可能）完全满足 CP，但是 CPL 能告诉我们如果 CP 满足，那么我们可以看到根据“L”所预测的结果。CPL 的作用更多地在于其引导功能，一方面我们虽然不能依据它们说明情况的确如此，但是可以通过联合其他知识，作出可靠地解释和预测；另一方面，科学的目标就是尽可能多地掌握 CP 涉及的条件，对这些条件的掌握往往会带来新的发展和发现，科学研究的进步正是不断揭示 CP 的过程。这再次表明，CP 规则或者 CPL 不适合与严格规则和统计规则归入同一分类层次。

需要指出的是，如果罗伯茨将 CP 视为是对外力干扰的理解，也就是说他将物理学的 CPL 和社会科学的 CPL 的区别看作是有无除外力之外的干扰需要理解，那么有可能会触自然主义的要害。因为按这样理解的话，物理学的 CPL 中对 CP 的理解的确是集中在外力的理解上，但是社会科学的主题涉及人的意向性问题，人自由地运用意志，具有信念、期望等目的或意向是物理客体不具有的特点。物理学主题范畴内，CP 不需要考虑人的意向性这种内在因素，而社会科学的主题内，意向性往往是不可逃避的课题。自然主义主张社会科学规律存在就必须面对有关意向性的问题。

第二节 金凯德：社会科学中存在规律

一、问题的引出

金凯德坚持社会科学中存在规律，他的结论来自三个信念（conviction)：（1）诸如贫困、歧视和不公平的主要社会问题不是源于个体的特征而是源自于社会结构的特征；（2）（自然）科学方法是消除迷信和知识偏见的最强有力的工具；（3）科学哲学只有离开对先在（a priori）的依赖而去紧密联系社会科学的研究实践，才能有利于社会科学的发展。可见，他坚持自然主义，而且是一种整体主义的自然主义观，第（3）点是核心，金凯德自己说是受库恩和蒯因的影响而得来的[①]。基于这些信念，金凯德阐述了对规律解释的辩护。他的策略从1994—2004年发生了一些改变，但是坚持认为社会科学中存在规律这一点是始终不变的。

二、何谓存在规律

首先，金凯德给规律下了一个不是定义的定义。他认为对什么是规律有三类问题要回答：[②]

Q_1. 世界中哪类东西是规律？

Q_2. 揭示（pick out）规律的是哪类陈述？

Q_3. 有没有哪类特别的规律陈述实际上这样做了？

因此，对社会科学中是否存在规律也就是要论证[③]：

A_1. 存在社会现象的规律；

A_2. 社会科学能提供揭示规律的陈述；

A_3. 当前社会科学中有揭示规律的特殊部分。

可见，金凯德实际上没有直接回答 Q_1—Q_3，因为问的不是什么是社会科学规律，而是社会科学中是否存在规律，于是他巧妙地将焦点从讨论规律的本质转换成到对一个存在性问题的论证。于是，那些围绕规律本质的反驳都不会对他的主张造成根本的威胁，这是其高明之处，然而在接下来的论证中，金凯德无法消解对规律和因果的多种不同的理解，导致他只能一味地从反面论证问题，无法正面建构他对社会科学规律的辩护。我们将慢慢道来。

进行论证的前提是对规律达成一个共识，这是金凯德整个论证的核

---

① Kincaid, H.. *Philosophical Foundations of the Social Sciences: Analyzing Controversies in Social Research* [M]. New York: Cambridge University Press, 1996, p. xv.

② Kincaid, H.. There Are Laws of the Social Sciences [D]. in Hitchcock, C.. *Contemporary Debates in Philosophy of Science* [A], 2004, p. 169.

③ Ibid., p. 170.

心。他把万有引力定律作为规律的范例，认为万有引力定律揭示的是万有引力，而力是因果因素。因果因素是一个关键的概念，“因果的”（causal）是表明力影响某物，“因素”（factor）表明它不是唯一的影响源。好比当两物体间有万有引力作用时，还有电磁力和核力同时也在起作用，这些力的共同影响才是两物体运动的原因。而万有引力定律只是识别（identify）了万有引力这一个影响源，它只是揭示了一个因果因素。因此，规律的范例是力或因果因素[①]，这是对 Q_1 的回答，对 Q_2 的回答相应的就是说至少那些分辨出因果力或因果因素的陈述是规律。同时，万有引力定律的例子也就回答了 Q_3。

像这样的定义没有对规律作任何本质陈述，不同于那些分析规律的常规做法，诸如将规律视作表达必然性的普遍陈述或事件间无例外的规则之类。他反对这种提供“规律”概念的精确定义，理由如下[②]：

第一，如果有关于规律的定义，也很少有适合作为充分必要条件的定义，而且实际科学研究是分析范例，然后将特殊例子与该范例作比较的例子，因此规律的概念也应遵循此途径。

第二，什么称作规律依赖于习俗（convention）和历史偶然性（historical contingencies）。发现适合于哲学家和科学家直觉上认可的规律的定义不需要告诉我们很多科学实际中的规律。哲学观点应该关注规律在科学实践中的运用，即规律在科学中扮演何种角色。因此，希望把规律解释为因果因素的动机不是去提供“规律”概念的定义，而是在于更清楚地弄明白规律在科学中如何起作用。而规律在科学中的作用是解释和可靠地预测现象，也就是说，这是识别因果因素所要达到的功能。

第三，规律必须满足的形而上学限制不能被决定为先在的（a priori）或者独立于科学本身的运作。如果哲学家的形而上学理想（ideals）与成功的科学实践相冲突，金凯德宁愿放弃前者，而非后者。这一点，在库恩的《科学革命的结构》之后，是哲学界逐渐认可的观点，即无论是理论还是规律，都是相对于一定范式而言的，那种绝对的普遍性或者独立于我们认识的必然性是不可能的。因此，科学哲学要结合科学史的研究，要和

---

① Kincaid, H.. There Are Laws of the Social Sciences [D]. in Hitchcock, C.. *Contemporary Debates in Philosophy of Science* [A], 2004, p. 170.

② Ibid., p. 172.

科学家的活动联系起来。故而，规律的哲学考察不可像逻辑经验主义那样孤立地进行逻辑分析，还必须和一定的范式结合起来考察。

因此，金凯德认为规律之存在在很重要的意义上取决于能否列举（cite）作解释和成功预测的因果因素，但不是所有揭示因果因素的陈述都是规律——这在于这些陈述应用得多广，改变环境的序列有多宽，以及它怎样告诉我们世界怎样和将会怎样。总的来说，我们对“因果陈述是真的”的信任度是它们解释和预测程度的函数。[①]

三、因果概念与意向性

在金凯德的定义中，有以下几点需要商榷：

首先，金凯德并没有定义因果，众所周知，关于因果概念的争论从古至今没有停过。但是，金凯德好似要将因果作为他整个工作的起点，万有引力定律揭示因果力作为一种工作假设。我们不清楚他这里因果力是在何种意义上使用的因果概念，在金凯德否认将规律视作表达必然性的普遍陈述后，对这一点更是迷惑。

其次，上述理由中暗含着，识别因果因素的规律陈述和因果陈述之间没有根本的区分。但是一个特殊的因果陈述根本不是规律，比如，通常情况下，人喝水都不会致死，可是有一个人甲喝水时被水噎死了。我们说“甲的死是由于喝水造成的”是一个因果陈述，但不会认为这是一条规律。当然，金凯德也加了一些程度性的限制，如适用范围，其解释力和预测力，等等。但是，适用范围的宽窄以及改变环境的多少的度没有一个相对客观的说法，这使得我们可以断言任何一个因果陈述都可能是规律，显然这样的论断太弱，拿这种限制条件和没有限制是一样的结果，进一步的推论是区分规律和偶适概括根本没有必要，如果真的是这样的话，社会科学中存不存在规律就无须再讨论了。

再次，由于金凯德认为什么称作规律依赖于习俗和历史偶然性，所以很难有一个判断某个陈述是规律的可操作标准。但是最重要最清晰的规律能列举因果因素达到解释和预测的功能，并且有能揭示因果因素的科学方法，故而问题变成了是否社会科学能满足建立因果陈述的条件。金凯德这

① Kincaid, H.. There Are Laws of the Social Sciences [D]. in Hitchcock, C.. *Contemporary Debates in Philosophy of Science* [A], 2004, pp. 4174 – 4175.

样做已经极大地缩小了规律的范围，因为并非只有规律有解释和预测的功能，模型、规则或某种目的论陈述也可以具有同样的功能。

可见，金凯德的定义太弱，无法区分规律与偶适概括，无法区分规律、规则或某些目的论陈述。这样，那些围绕规律本质的反驳都不会对他的主张造成根本的威胁，这是其高明之处，也是其失败之处，因为他这样做只能一味地从反面论证问题，无法正面建构他对社会科学规律的辩护。

实际上，社会科学中存在规律不仅仅是一个存在命题，提出这个问题的背景是反自然主义坚持规律不是社会科学解释的核心，因果解释不是社会科学解释的主要类型。所以该问题更深的意义在于规律或因果对于解释的核心作用上，因此暗含着如下命题：社会科学的大部分解释或主要的解释类型之一是因果解释或者以规律为核心的解释。所以在 A_1—A_3 的基础上还要添加一个论证 A_4：以规律为核心的解释或因果解释是社会科学解释的主要类型。系统地论证 A_1—A_4 才能维护自然主义坚持“社会科学中存在规律”的立场。

金凯德曾对上述第三个质疑进行了说明，他说规律在解释中扮演着重要的角色，无论是简单的因果解释、功能解释、经过分类和组合的解释还是依赖于内在机制的解释都预设或暗含着它们求助于规律，或者至少可以认为规律能大大地加强这些解释。这表现在，某个特定的因果关系例示了一个规律，或某一机制总是隐藏于某些宏观过程中，或某些分类集以似律的方式相关联，等等。[①] 规律通过揭示因果因素作解释，标准的科学方法使得证实这些规律成为可能，解释是否彻底依赖于证实，证实在通常情况下又依赖于在可控条件下对证据（data）的可重复操作，而规律即来自于这个过程又使得该过程成为可能。因此规律、解释和证实互相关联，如果相信社会科学中有解释，就有必要去维护社会科学规律的存在[②]。按照这个思路，论证社会科学规律和论证规律可作解释或能被证实的可能条件是同一的。

我们注意到金凯德这一系列的论证并非建立在哲学界的共识上。首先，功能解释和分类解释并不需要规律，生物学中大量的功能解释依赖于

① Kincaid, H.. Defending Laws in the Social Sciences [D]. 1990. in Martin, M., McIntyre, L. C. (eds.). *Readings in the Philosophy of Social Science* [A], 1994, p. 111.

② Ibid..

生物体或组织的某种功能或结构，规律并不是核心角色。其次，社会科学中的解释是否一定需要规律或是以规律为核心本来是 A_4 的内容。金凯德首先就预设了对 A_4 的肯定答案，然后既不说明为什么规律在上述那些解释中扮演重要角色，也不理会有反对观点，就企图通过科学实践表明能满足一些条件达到证实规律或解释。这未免又有循环论证之嫌。

但是，金凯德对第四点的回应倒是一针见血，他指出要给予 A_4 肯定性的答案就得反驳自由意志使得规律不可能的主张。人类是自由和有意义的，他们具有自由意志，自由意志是作为认识与行动的主体的人们的理性的一种能力。由于这种能力，行动者具有某种主观意愿并非一定会采取相应的行动，因为达到其主观意愿的手段或过程受社会规则的约束，行动者知道不遵循规则将会带来何种后果，他有自由选择采取这种行动或那种行动，并且积极地诠释世界，它是人类区别于动物的主要特征，也是诠释学要把行动者的主观意愿（意向）作为主要研究对象的原因。因此，考察自由意志和解释是否相容的确是论述 A_1—A_4，尤其是 A_4 的关键。而自由意志对解释的影响主要体现在行动者的意向（信念和期望）与行动之间的不确定关系上。

第三节　意向性与社会科学规律

上两节，我们对罗伯茨反对社会科学中存在规律的论证策略进行了剖析，认为其理由是不充分的，而金凯德维护社会科学中存在规律的策略也并不是完全合适的。二者在科学哲学的新形式下，都对规律的定义不约而同地采取了语用学分析的进路，强调某种社会学前提（共同体的认同和提问者的旨趣等）。本书也接受这种进路，但是对两者的考察中同时引出意向性在围绕社会科学规律的争论中突出的位置。因此，本节切入讨论意向性对讨论社会科学规律的存在的影响。

一、自由意志与意向性

坚持自由意志是使得社会科学规律不存在的理由是反自然主义的典型主张。他们认为，人类是自由的和有意义的，人类作选择并积极地诠释世界，因此，社会科学的解释是诠释，而不是列举原因。可见，自由和有意义成为反自然主义反驳社会科学解释的关键。

哲学上，关于人类自由观念，主要有四类竞争的观点：自由意志论、相容论、决定论和假问题论。自由意志论（libertarianism）又称非决定论（indeterminism），它认为人类能自由地根据自己意愿去选择想要做的事情，没有选择是被决定的。相容论（compatibilism）或称弱决定论（soft determinism）认为自由意志和决定论的主张是彼此相容的，一个事件可以同是物理的因果和意志选择的结果。强决定论（hard determinism）又称为不相容论（Incompatibilism），认为人类不能根据自己意愿去选择想要做的事情，所有事情都是被决定的。自由只是幻觉。假问题论认为自由意志和决定论是一个假问题：无以名之，乃造此名。只要能分析清楚像“因果”、“决定”和“自由”这些含混概念，问题便会随之消失。

具体到社会科学方法论范畴，自由意志论主张人类行动某种方式上是非因果的，至少不是被外在于行动者的任何事引起的。相容论主张自由意志和行动的因果相关能共存。[①] 可见，只有自由意志论认为自由意志和社会科学解释不相容。两者最突出的矛盾体现在对行动者的意向和行动之间关系的看法上，其中意向指目的、期望和意图等心理状态。自由意志论会认为意向与行动之间无因果，意向与行动只能通过诠释学循环才能得到理解。

金凯德认为，关于人类自由意志阻碍社会科学中获得规律的论证有两个缺点：它假定了强自由意志论，并且假定社会科学本质上是关于个人的。他分析自由意志概念至少有两种含义：一是指人的行动不能由那一刻前的所有经历决定；二是指每个人对相似事件的反应是不同的，从中体现个体的独特性。他说，如果是前一种含义，也就是说当我们有充分的行动理由时，我们的行动仍是自由的，那么我们的自由意志必须超越我们自己[②]，这种意义上的自由意志连诠释都无法理解，故而在社会科学范畴之外。如果是后一种含义，自由意志论就预设了本体论个体主义，认为社会科学的研究对象都是个体及个体之间的关系，因此，解释是关于个体行为的。但是，很可能每个个体行动可以是无因果造成的，而他们构成的群体

① Kincaid, H.. There are laws of the Social Sciences [D]. in Hitchcock, C.. *Contemporary Debates in Philosophy of Science* [A], 2004, p. 180.

② I bid., p. 181.

行为是有原因的。[①] 这表明基于后一种含义的自由意志论也是失败的。另外，金凯德还提到，个体主义的另一论据是人类行动是有意义的。这一点，我们已经在第二章和第三章都论证过，特别是在第三章，我们依据亨普尔的思路从反面论证了这样的论据对于不存在社会科学规律是不充分的或不成立的。

但是，金凯德的论证也过于简单。首先，对于第一种含义的反驳中，"我们有充分的行动理由"的"充分的"是什么意思没有讲清楚，何为充分的理由本身就存在歧义，将之作为反驳的工具似乎不会起到预期的作用。其次，金凯德也没有交代依据什么，说自由意志论预设了本体论个体主义，这使他的论证大打折扣。

实际上，自由意志论的自由意志概念是成问题的。自由意志到底指什么？这也是哲学界长期争论的一个问题，它涉及的问题远远广于社会科学解释的范围。限于篇幅，并且这里重要的是意向与行动之间的关系，故而本书限定在关于人的意向性的讨论上。

反自然主义根据人的意向性反驳社会科学解释是非因果的或不需要规律大致有如下理由：意向（人的目标、目的、期望、愿望等主观状态）与行动之间的关系并非演绎或归纳的逻辑关系；人的选择是不确定的，依赖于人类的积极诠释。由之衍生的论据有：

（1）社会科学主题不具有普遍性、可重复性。

（2）社会科学中即使存在规律也是 CP 的，但是由于多元可实现性，这种 CP 规律无法获得。

（3）意向与行动之间的关系至少不是被外在于行动者的任何事引起的，因而 CP 规则的 CP 条件只有通过非因果的诠释方法才可获得。

（4）社会现象的研究都可以还原到关于个体的研究，而关于个体的行动都和人的意向相关，联结意向与行动之间的关系并非因果关系或者不可能找到社会科学主题范围内的规律表达。

论据（1）—（3）我们在上节已经分析过，它们作为反驳理由都是不成功的。剩下论据（4）需要考察，它是从还原的角度提出反驳，其根基在于个体主义。

---

① Kincaid, H. . There are laws of the Social Sciences [D] . in Hitchcock, C. . *Contemporary Debates in Philosophy of Science* [A], 2004, p. 182.

关于社会属性是否都可以还原为个体属性，一直以来是个体主义和群体主义争论的焦点。群体主义承认有群体层面的社会科学规律，但对个体层面是否存在社会科学规律保持中立，也就是说不排除存在个体层面的社会科学规律，但是即使个体层面不存在社会科学规律也不影响群体主义的主要结论。论据（4）要成立首先是要论证联结行动者意向与其行动之间的关系并非因果关系，同时要论证个体主义的合理性。而我们的反驳若是能说明个人的意向和行动之间的关系是规律就不用进一步反驳个体主义，否则，我们还需反驳个体主义的合理性。

下面，我们来看个体行动解释中，意向和行动之间的关系是否是因果关系，甚至是规律。

二、意向性解释与大众心理学原则

人类活动（activities）包括纯粹的行为（mere behavior）和行动（action）。行动区别于行为，在于它是有意向的行为。比如，眨眼（blinking）和使眼色（winking），两者没有明显的或者直接的物理区别，它们都属于人类活动。但是眨眼完全属于对刺激所做的反应的生理描述，而使眼色则是信息——暗示、保留、阴谋、警告的表达工具①，简而言之是人类主观意图的传达工具。因此，眨眼是纯粹的行为，而使眼色是行动。对行为的解释只要找出其刺激因即可，而对行动的解释要识别该行动所传达的内容即其意向。社会科学始于关注解释人类行动，而不是纯粹行为②。故而识别意向是社会科学解释的必要条件。意向性解释强调的是信念、期望与行动之间的关系，下面我们在谈及意向时主要讨论信念和期望，当然其他的意向性因素（如性格、认知、欲望等）也可以作类似讨论。

（一）问题的引出：大众心理学原则联结信念、期望与行动

在第三章，我们曾经讨论过亨普尔对目的论解释的批判，但他的论证是不成功的。现在我们再次回到这个议题。本书所指目的论解释和意向性解释区别不大，因此我们可以说，意向性解释认为我们通过识别信念和期望来解释人类行动，那么“什么使得信念和期望可解释行动?”成为社会

---

① Bunnin，N.、TSUI-JAMES，E. P.、燕宏远、韩民青主编：《当代英美哲学概论》，社会科学文献出版社2002年版，第506页。

② Rosenberg，A.. *Philosophy of Social Science* [M]. Oxford：Westview Press，1995，p. 28.

科学哲学不可忽视的问题。自然主义认为是因果关系或者规律；反自然主义认为是理由。争论的焦点在信念、期望与行动之间的解释相关上，它也可表达为意向性解释的一般形式：

x 想要 d
并且 x 相信，在环境 c 下要实现 d 就必须做 a
故 x 采取措施去做 a　　　［P］

［P］假设了：如果行动者想要达到某个目标[①]，也有对目标和达到目标的必要手段间关系的自我认识，那么正常情况下他接下去很自然地就会用这种手段去取得目标。“自然地”意味着［P］采纳的是一种大众心理学原则（folk psychology），以这种模糊的方式表达信念、期望与行动之间的一种日常认识。然而［P］是有问题的，罗森堡（A. Rosenberg）提出了这样三种情况：

1）若 x 想要 d 的同时更想要 d′，达到 d 和 d′的行动分别是 a 和 a′，那么 x 会做 a′，想要 d′；

2）若 x 相信 a 是达到 d 的一个方式，但 d 不是最佳的、最充分的或最经济的方式，那么 x 也不会做 a，即使他想要 d；

3）即使 x 相信 a 是最好的获得 d 的方式，但不知如何去做 a，或者知道但不能做，那么 x 也不会做 a。[②]

加入“其他条件均相等”（ceteris paribus）的限制不足以使这种困难改观，因为我们很难确定什么时候其他条件均相等，什么时候不相等，当其他条件均相等时，是否［P］就没有问题，当其他条件不相等时，是否［P］就不成立。问题的关键是区分“主要理由”（primary reason）和理由。因为对于同一行动，经常有多个理由（信念和期望），并且可能也有一些理由反对它，正确地识别一个行动，不是罗列出某个或某些理由，而是找到据以理解该行动的那些理由，因此行动与主要理由之间的联系是由理解这一行动创造的。所以［P］本身没有问题，有问题的是忽视了还有一个对信念、期望和行动三者的前理解阶段，理解了行动，意味着找到了

---

① 期望分为目标的期望和非目标的期望，行动者可以有许多美好的或悲观的期望，但不一定直接影响行动的实施，这类期望就是非目标的期望；一旦期望作用于行动者规范、调整行动的过程，期望和目标等同。在［P］中出现的期望属于行动的主要理由，因而它和目标等同，在这个意义上，下文将期望和目标互用。

② Rosenberg, A.. *Philosophy of Social Science*［M］. Oxford: Westview Press, 1995, p. 32.

使行动理性上可理解的信念和期望即主要理由，反过来也如此。故联结信念、期望与行动的是可理解性，它揭示社会科学解释的基本策略是使得行动是理性上可理解的。

要注意的是，无论是理由还是主要理由，其作用都是为行动的合理性作辩护，具有证立功能，主要理由是对 x 可能做 a 的证立（justification），而对 x 实际上做了 a 不具证立功能或解释功能。

“主要理由”证立（justify）行动这一特点是会使它们成为原因的特殊子集，还是会使理由成为完全不同的解释者呢？这就要看大众心理学原则是否具有因果必然性。大众心理学原则刻画的是我们的常识推理特征，它也表达了一种规则性，表面上看来，这种规则性似乎达不到因果相关或规律的要求，那么这种规则性是否能作为意向性解释的解释相关依据呢？分歧由此展开，反自然主义认为这种规则性的确不同于因果规则性或者律则性，它的作用发生于信念、期望与行动的诠释学循环中，而自然主义认为这种规则性背后一定隐藏着因果必然性，因此意向性解释不过是因果解释的一个特殊类型而已。对双方的争论有不同的分析进路。

罗森堡的焦点落在大众心理学原则的有效性上，他指出大众心理学原则要使意向性解释有效，不可忽视找出主要理由的前理解阶段。在这一点上，冯·赖特、戴维森等人和他具有共识。但是他持实在论的立场，认为行动背后有因果机制的作用，因此行动的因果解释不是逻辑上、概念上或哲学上不可能①。巴斯卡的先验实在论依此进路更加清楚地辩护了因果解释的可能性。

冯·赖特和戴维森则重点辨析因果关系概念以及理由与行动的解释相关。冯·赖特将理由和原因严格区分开来，因此支持反自然主义的观点。戴维森辨析了休谟的因果观，提出较弱的因果观，依此反驳反自然主义的观点，认为主要理由就是原因，但是关于规律在解释中的地位则采取消极的观点。

上述讨论中，我们发现不同的主张实际上会有不同的因果观，但是关于主要理由的理解却大多达成共识。所以，讨论大众心理学原则在目的论解释中是否具有因果的必然性，要害在因果观上。

---

① Rosenberg, A.. *Philosophy of Social Science* [M]. Oxford: Westview Press, 1995, p. 99.

（二）冯·赖特：对行动的解释在于区分出主要理由

从第三章第二节中的分析可知，若按照亨普尔对因果关系和解释的理解，那么［P］所刻画的目的论解释不是因果解释。亨普尔采取的因果观是休谟式的因果观。冯·赖特采取的也是休谟式因果观，所以他反对理由等同于原因，并且认为主要理由与行动之间的解释相关不是因果相关。但是，这样的解释中并非完全不包括因果关系。冯·赖特认为，在［P］中，a 是 d 的原因，d 是 a 的结果。原因是行动的后果（results），结果是行动的效果（consequences）。换言之，已经做了的事情是行动的后果，所造成的事情是行动的效果。可见，后果是行动的基本部分，但是行动本身并非行动后果的原因。[①] 如果冯·赖特是正确的话，就表明意向性解释中实际上也包含对因果关系的识别，只不过这种对因果关系的理解属于意向性解释的前理解阶段，这和亨普尔的解释观刚好相反，亨普尔把对理由的识别当作解释的启发式假设。

冯·赖特把意向性解释称为理解性解释，将之与“科学的”解释区别开来。他认为联系意向（期望、目标等主观态度）和行动的是行动者关于手段（行动）/目的（意向）关系的信念，他说：

可以说，（信念）前提是第一前提的原初意向与……结论之间的“中介”。任何人都会谈到意向转换或者意向传递。达到一个目的的“意向”被传递到手段的（使用），人们认为这对于它的到达（即一个行动的到达）是必要的。“意向从目的到手段的传递”这个原理从根本上似乎与康德认为的分析地（逻辑地）真实的原则相同。他用下面的话来表达这个意思：“有坚定的目的，也就决定了（就理解对行动有决定性的影响来说）必不可少和力所能及的手段。”[②]

也就是说，凭借意向性解释的基本特征是手段/目的关系这个观念，冯·赖特认为行动者的手段/目的信念犹如胶水一般把行动者的目的和他的行动联结在一起。这种“胶水”使得亨普尔的企图无从下手，它实际上暗含着大众心理学原则的变种：在行动者打算做 A 的情况下，他通常做 A。冯·赖特认为，通常情况下，当规定的条件在行动中发生影响的时

① 冯·赖特：《说明和理解》，《哲学译丛》1988 年第 5 期。

② 转引自［美］雷克斯·马丁《历史解释：重演和实践推断》，文津出版社 2005 年版，第 82 页。

候，我们就有了所谓的规定事例，即通常情况下，行动者的手段/目的信念把他的行动和他的意向结合在一起，导致他做A。其中，冯·赖特的这些条件包括：(a) 行动者没有被阻止行动；(b) 他没有忘记时间；(c) 他的意向一直在起作用（他没有忘记它）；(d) 他没有改变他的其他想法，等等。[①] 那么，按照冯·赖特的这种理解，如果达到上面所列出的那些条件，仅仅展示出行动者相信A成为达到目的的手段就是充分的解释。因此，如何知道行动者的意向和手段/目的信念（即主要理由）就是意向性解释的关键，而这些都只能通过理解而不是解释来达到，故解释一个行动并非从分析因果关系入手，而是从分析行动产生的理由入手的。解释项与被解释项之间不是逻辑上的演绎关系，也不是因果关系，而是某种辩护关系，属于实践三段论或实践推理。冯·赖特认为这种解释模型完全不同于自然科学的解释模型，自然科学解释探求的是理论与事实陈述之间的关系，目的是得到新的信息。而实践三段论模型的对象是行动，不是行为。行动受人的意愿和规范的影响，规范是规则性的，本身没有真值。实践三段论的目的是理解人的行动的理由，讨论的是行动的有效理由（即前面讲的主要理由）是什么的问题。因为行动的理由有很多个，因此不是要解决是否存在理由，而是要区分出我们据以理解该行动的那些理由。

何谓理由呢？简言之，目标的愿望和目标的实现方法（来自行动者的知识）的结合就是行动的一种理由。理由包括意图、意向、认知、能力等内在决定因素，和外在的决定因素（如法律、道德规范、礼仪形式、习俗等）。这些外在的理由是通过“规范压力”内在化为行动者的意向性理由。规范压力指因遵循或违反某种法律、指令、习俗而招致的处罚、制裁或是奖赏[②]。处罚和制裁往往给当事人不愉快的后果，奖赏则与当事人的内在利益相联系。

由于意向性解释的关键就是将有效的理由或主要理由归于行动者，而前面已展示了这个过程是诠释过程，故而按冯·赖特的观点，意向性解释是寻求理由的解释而不是寻求原因的解释。他也承认，行动者用因果关系

---

① 参见［美］雷克斯·马丁《历史解释：重演和实践推断》，文津出版社2005年版，第83页。

② 冯·赖特：《知识之树》，陈波、胡泽洪、周祯祥译，生活·读书·新知三联书店2003年版，译者序言第14—15页。

来考察行动的后果与效果之间的关系，但是这只是解释项中“x 相信 that……”中的 that 从句部分，就算行动者对其中的关系认识错误，他所犯的错误并不会使解释无效，“行动者思考的事情在此是唯一相关的问题”①。因而，在冯·赖特看来，即使意向性解释中存在对因果关系的考虑，那也是属于解释的前理解阶段。故冯·赖特坚持意向性解释与因果解释是两类不同的解释。

而且主要理由和行动之间的实践推理中，前提加上了许多辅助假定（a－d），若这些辅助假定中某一个不具备，其结论仍不具有实践的必然性；即使它们全都具备，如果结论表示的行动没实施，整个推理仍不具有实践的必然性。因此，冯·赖特后来说，实践推理的结论具有事后必然性。② 综上所述，冯·赖特认为理由和原因是不可等同的。

但是实践推理用于社会科学解释也有缺陷。首先，实践推理要求行动是达到期望结果的必要条件，因为只有行动的确发生了，我们才可以理解行动者为什么做其所做的事情，若是行动没有发生，我们就对行动者无从了解。但是构成我们生活中的行动大多不满足这个要求。比如，我邀请小张吃饭因为我希望有人陪，但是并不意味着小张是唯一的或最佳的陪我吃饭的人选。邀请小张是我期望结果的充分非必要条件。其次，被解释项存在歧义。如上例，“为什么我邀请小张吃饭?”既可以理解为“为什么我邀请小张吃饭而不是别的人吃饭?”也可以理解为“为什么我邀请小张吃饭而不是看电影?”等等。关注点不一样，得到的解释也不一样。但是，虽然同一行动的解释会有多个，看似冲突，其实这些解释是由于被解释事件的表述处于不同的参照系造成的，在同一参照系下，可能歧义就不会产生了。

另外，仅仅展示出行动者相信 A 成为达到目的的手段不一定就是充分的解释。雷克斯·马丁举出这样一个例子：一个原始人，意外地在他自己腿上造成了一处刀伤。他试图用清洗小刀来治愈他的伤口，可是伤口本身并没有被包扎。我们现在提出对这个（真实）陈述的解释：那个人想治愈他的伤口，并相信清洗他的刀是达到这个目的的手段。如果冯·赖特

① ［美］雷克斯·马丁：《历史解释：重演和实践推断》，文津出版社 2005 年版，第 84 页。

② 冯·赖特：《知识之树》，陈波、胡泽洪、周祯祥译，生活·读书·新知三联书店 2003 年版，译者序言第 14 页。

的论题是正确的，那么我们应该在这个意义上理解，为什么那个人清洗他的刀却不管他的伤口。然而，陈述的意向和完成的行为之间的联系并不完全清晰；因此，尽管陈述了行动者的手段/目的信念，我们却仍不能理解那个行为。[①] 这说明手段/目的信念还不够资格做理由与行动之间的胶水，无论是理解还是解释，都需要寻求另外的资料。

（三）戴维森：主要理由就是原因

戴维森的经典文章“行动、理由和原因”使得大部分人认同意向性解释必须要诉诸因果相关，但是因果关系不蕴涵（entail）特殊的规律，而且单个因果陈述无须维护任何规律就可被维护。

戴维森作了这样几个重要的区分：行动和对行动的描述、理由与主要理由、评价与描述。

戴维森看来，行动是一种特殊的事件，因此，他关于行动的看法来自于他的事件观。戴维森把“事件”概念当作基本的本体论范畴，而且严格地区分“事件本身”（event itself）与“事件描述”（descriptions of e-vent）。认为事件本身是实在的一部分，可用多种方式给予描述，如张三走路和张三悠闲地走路是不同的事实，但是与其对应的却只有一个事件。事实的语言表达形式是命题（陈述、判断），而事件的语言表达形式则是某种形式的单称词项。比如恺撒死了这个事实是由命题“恺撒死了”来描述的，而恺撒之死这个事件则是由“恺撒之死”这个单称词项来表示的。这两个表达式之间的关系可以这样来分析：命题“恺撒死了”实际上是一个存在命题，它断定了一个属于某种类型的事件的存在，这类事件的共同的名称为“恺撒之死”[②]。因此，他的事件论有这样一个重要命题：“一个事件，多种描述”——这意味着同一实在在语言框架中有多个图景。行动构成了一种特殊的事件，在其中某个（某些）施事者（agent）引起了某一（某些）变化。同样，一个行动根据不同的理由会有不同的新描述，因此一种行动，多种描述。当通过根据行动者行动的理由解释行动时，戴维森称这样的解释为理性化（rationalizations），这样的理由理性化（rationalizes）了该行动，它表明行动者的理由是合理的或理性的，这被戴维森认为是意向性解释的前提。

① ［美］雷克斯·马丁：《历史解释：重演和实践推断》，文津出版社 2005 年版，第 86 页。

② 韩林合：《分析的形而上学》，商务印书馆 2003 年版，第 189 页。

接着戴维森将理由分成信念和“前态度”（pro - attitudes）。“前态度”这个术语试图包括可能与行动相关的心理状态，包括期望、需求、伦理观、审美原则、经济偏好、社会习俗、公共目标或私人目标等。但是，有些前态度和信念是行动的理由但是没有引起行动发生，而有些前态度和信念是行动的理由并且行动由于该理由而发生了，戴维森称这样的理由为主要理由，即给出为什么行动者做某事的理由就是主要理由，具体地说：R 是主要理由，解答在描述 d 下为什么行动者实施行动 A，仅当 R 构成了行动者倾向具有某一性质的行动的前态度，并且行动者在描述 d 下相信 A 具有那个性质的信念。① 通过指出行动者做出行动所依据的前态度和信念，行动被解释了，换句话说，当“行动并且具有理由”变为“行动因为那个理由”时，行动被理性化了。

戴维森与冯 · 赖特的不同在于他区分了把一个行动描述为理性的与把一个行动认定（评价）为理性的。冯 · 赖特要求意向性解释在后一种意义上成立，而戴维森取前一策略。在冯 · 赖特的实践推理中，解释项和被解释项中的媒介是行动者和研究者共享的理性。因为，我们通过前提判断结论是理性的。在这种情况下，给出解释或接受解释的人需要认可该行动的理性，接受该解释就是同意行动是理性的。也就是说，冯 · 赖特之所以认为目的/手段信念可以作为黏合行动和期望的胶水，就是因为在他预设了研究者必须理解并认可行动者作行动是理性的才可能对之作出解释。但是，行动者作出行动的过程与研究者对行动者的行动作解释的过程是不同的，行动者在作出行动时是处于当时社会的价值体系，并认为自己的行动是合理的，这其中有一个价值评判过程。然而，研究者对行动者的行动作解释的过程中，首先他要对行动作重新描述，行动者的态度和信念，以及他所处的社会的价值规范可以用陈述句而不是祈使句表达，因此，研究者可以不用认可就描述，最终出现在解释中的是陈述句而不是祈使句，那么理由可以在因果图式中占有一席之地，同时又可以保留行动者的价值规范。

根据上述区分，戴维森进入到主要理由与行动之间关系的讨论。他的观点是主要理由即原因，由如下问题切入讨论：前态度和信念如何成为主

① Davidson, D. . *Essays on Actions and Events* (2nd) [A]. New York: Oxford University Press, 2001, p. 5.

要理由?

论述该主张首先要明晰戴维森的因果观，在什么意义上他运用“原因”这个概念。戴维森区分因果关系与似规律概括，认为因果关系是事件本身之间的关系，规律则是语言问题，涉及事件的语言描述，而不是事实的问题，不是指自然界的必然性关系，不是事物内在的、本质的联系。在规律问题上，他倾向于接受标准科学哲学的观点（特别是纳尔逊·古德曼的规律定义）①，也即规律是支持反事实条件句并且已被某些事例所例示的条件句。

戴维森讨论原因概念的出发点是休谟的因果观，休谟对原因概念以如下方式进行了规定:

定义I：一个原因就是这样一个对象，它被另一个对象跟随，并且在此所有类似于第一个对象的对象都被类似于第二个对象的对象跟随。② 换言之，在此如果第一个对象不曾存在，那么第二个对象也决不会存在③。

定义II：一个原因是先行于、接近于另一个对象的一个对象，它和另一个对象那样地结合起来，以致一个对象的观念就决定心灵去形成另一个对象的较为生动的观念。④

定义I强调原因与结果时空上的接近性、前后相继性和恒常联结。定义II表明因果关系对于我们在看到原因出现后，便期待结果出现具有决定意义。原因与结果时空上的接近和前后相继我们能够确实地感知到，而恒常联结的存在我们只能进行推测，若是没有对恒常联结的信念，即使观察到了前两项，我们也无法有理由看到原因的出现便期待或推测结果会出现。归根结底，恒常联结是前两项的基础，“A导致B”在于我们“相信A导致B”。因而因果关系观念的来源是主观的，但是这并不排除作为原因的对象中真的存在着某种我们不能感知的内在性质，它们构成了某种必然产生或导致结果对象的能力、效力、力量。然而，我们却往往将关于因果关系的观念投射到对象上，将其等同于事件本身具有的因果性。休谟要澄清的正是这二者的区别。我们所知的因果相关的必然性是规则性的恒常

---

① 见李平《戴维森的规律观及其方法论底蕴》，《自然辩证法研究》1999年第12期。

② Davidson, D.. *Essays on Actions and Events* (2nd) [A]. New York: Oxford University Press, 2001, p. 15.

③ 转引自韩林合《分析的形而上学》，商务印书馆2003年版，第235页。

④ 休谟:《人性论》，商务印书馆1980年版，第195页。

联结，事件本身具有的因果必然性是某种力、效力、能力。我们根本不能完全地、真正地了解这些力，我们关于因果相关的知识是基于主观相信的规则性的恒常联结。那么形如“A 导致 B”的单个因果陈述就蕴涵着普遍的规则性概括。

但是，在定义 I 中同时叙述了事件本身中的因果性，和我们所能了解的事件中的因果性，这个容易造成将两者混淆的误解。故而，戴维森只引用了定义 I 的前半部分。按他的理解，关于“A 导致 B”的分歧在于，该因果陈述是蕴涵了 A、B 所描述的属性之间的规则性，还是蕴涵了被 A、B 的真描述所构成的特定序列例示。前一理解不会被戴维森采纳，因为戴维森的因果相关定义处于本体论层面，那么关于因果相关的知识只是对事件间因果关系的一种例示，所描述的是否一定是属性或事件之间的规则性则比他的要求更高了一个层次。故而，戴维森取后一理解。按照这一版本，一个单一的陈述是因果的，当且仅当它例示了某种规则性（规律）。刻画因果关系的因果陈述由于例示了前提和结论，那么被他们例示的事件间就必然存在因果关系。由于它关注的是特定事件之间的因果关系，而对事件的描述有多种，只有在某种描述下，才刻画了事件间的因果关系，故在戴维森的因果观中，单一因果陈述没有蕴涵任何特殊的规律。戴维森认为主要理由之所以能解释行动，并且区分开其他的前态度和信念，就要坚持在目的到行动的传递中存在逻辑的或心理的步骤。① 这种逻辑的步骤正是实践推理的黑箱，戴维森认为这个黑箱藏着的正是因果关系，他认为只有诉诸因果关系，识别了行动者的前态度和信念才可“必然地”推出行动者的行动作为手段是合理的。于是依据该版本的因果观，当主要理由和行动被识别时，前态度和行动就被例示了，就可断定主要理由和行动之间存在因果关系，那么主要理由即原因。

但是，如果主要理由是原因，那么前态度和信念只有和行动因果相关时才是主要理由。但是根据戴维森的因果观，因果关系是实体之间的关系，前态度和信念均不是实体，那么是否就可以否认主要理由和行动之间不是因果相关呢？

前态度和理由是心理状态或倾向，它们不是实体，这一点也不假。但

① Davidson, D.. *Essays on Actions and Events* (2nd) [A]. New York: Oxford University Press, 2001, p. 7.

是状态和倾向却时常被称为事件的原因。比如，桥倒塌了，因为结构缺陷；飞机在降落时爆炸，因为机身周围的气温非同寻常地高，等等。状态虽然不是事件，但是它的发生是事件，桥的结构缺陷的发生是一个复杂的事件序列，它们导致了桥的倒塌。给出桥倒塌了的原因，仅当假定还有后续事件，若是桥面裂开了一个口子，但是并未倒塌，那么这种结构缺陷就不能作为桥倒塌的原因。同样，行动是个过程，在这种持续的活动中，不断地会有目标、期望、标准等信息的输入，依据它们，我们规范和调整我们的行动。主要理由虽然是状态或倾向，它的发生与行动之间是存在心理事件序列的。因此，不可因为主要理由不是实体，就否认主要理由和行动之间不是因果相关。

有人还会进一步认为因果关系是两个不同事件之间的关系，但是意向性解释中，行动通过理由重述，不同的描述下只有一个行动，那么理由和行动不可逻辑地分开，所以，理由和行动之间不是因果关系。对此，戴维森也作出了回应。

按照事件与事件的描述的区分，根据事件的原因描述事件就不会混淆事件与原因。假设“A 引起 B”是真的，那么引起 B 的原因 = A，作一替换，我们得到“引起 B 的原因引起 B”，这是一个分析陈述①。可见因果关系依赖于世界中被描述的事件是否是那样，而陈述这个关系的语句可以是分析的也可以是综合的，这取决于我们如何描述事件。比如，我们可以说“导致桥倒塌的事件导致了桥的倒塌”仍然表述了一个因果相关。“导致桥倒塌的事件”是事件“桥的倒塌”的原因的一种描述方式，但是这两个描述不是逻辑上独立的。同样道理，通过重述作解释也不会混淆主要理由和行动。例如，“我按开关的理由是我想开灯（实际上按开关导致灯继续亮）”部分地蕴涵了“我按了开关并且这个行动可描述成由于想开灯所导致的”，行动只有一个，但是根据不同的理由会有对行动的不同描述，理由和行动在逻辑上虽然是不独立的，但不是混淆的。②

总之，戴维森认为意向性解释不但要关注区分主要理由和理由，还需关注主要理由与行动的解释相关。大众心理学原则只是刻画了一个黑箱，

---

① Davidson, D.. *Essays on Actions and Events* (2nd) [A]. New York: Oxford University Press, 2001, p. 14.

② Ibid..

不能作为解释相关的标准。在逻辑上，主要理由推出行动还需诉诸因果关系。故而，戴维森主张意向性解释是因果解释。

（四）戴维森：社会科学规律不存在

由于戴维森论述中因果关系是先验的，处于本体层面，而与之对应的是在认识层面的规律，因此，解释社会科学现象的规律在逻辑上是存在的。但是，戴维森这里讲的规律是用非心理学术语描述的严格物理规律，而不是罗伯茨所指的社会科学规律，并且认为在现实中我们没有能力用非心理学术语来描述理由。因此，戴维森虽然论证了主要理由与行动之间的关系是因果关系，但是在社会科学规律是否存在的问题上却站在反自然主义（或者至少是多元论）一边。

为社会科学规律存在而辩护的历程在此显得举步维艰了，金凯德光从认识论上的辩护，显得论证乏力，而戴维森给出了一个先验的因果分析，却得出刚好相反的结论。打破僵局的一个突破口是保持戴维森关于主要理由即原因的论证，同时反驳他关于社会科学规律不存在的论点。这如何可能呢？

1. 变异一元论

首先，戴维森关于社会科学规律不存在的论断主要出自于“mental events”（心理事件）和“psychology as philosophy”（作为哲学的心理学）。在这些文章中，戴维森的讨论目标不仅仅限于心理学解释的特征，他反对社会科学规律可能性的立场集中反映在他著名的“anomalous monism”（变异一元论）论题上。变异一元论在“心理事件”一文中有详细的论证。该文中，他要消除关于心理事件的明显矛盾，这些矛盾来源于下述三个原理[①]：

（1）因果相互作用的原理（principle of causal interaction）：至少某些心理事件以因果方式与物理事件互相作用。

（2）关于因果关系的律则性质的原理（principle of the nomological character of causality）：哪里有因果关系，哪里就有规律，即作为原因和结果而联系在一起的事件都纳入严格的决定论规律。

（3）关于心理事物的变异性原理（principle of the anomalism of the

① ［美］戴维森：《真理、意义、行动与事件》，牟博编译，商务印书馆 1993 年版，第 243—244 页。

mental)：不存在能据以预测心理事件和对之作出解释的严格的决定论规律。

(1)(2)两个原理合在一起便蕴涵至少可以根据规律预测和解释某些心理事件，而原理(3)则否认这一点。很多哲学家都认为这三个原理确实是导致一种矛盾，但是戴维森假定这三个原理都是真的，并且采取康德的思路消除上述表面上的矛盾。沿着这个思路，他逐步论证了这样几个重要的观点：

(4)一个事件既可以是心理事件也可以是物理事件，如果用心理学术语描述就是心理事件，若是用物理学术语描述就是物理事件；

(5)心理事件在某种意义上随附于物理事件，随附意味着不可能有在一切物理方面都相同而在某个心理方面不同的两个事件，或者意味着一个对象不可能在某个物理方面没有改变的情况下在某个心理方面有改变；

(6)心理事件同一于物理事件；

(7)没有心理—物理规律，也即没有联结心理事件和物理事件的规律。

(8)心理系统不是封闭系统。

金在权(Jaegwon Kim)认为戴维森接着第(7)的是下面的原理：①

(8′)心理学变异性原理(principle of psychological anomalism)：没有纯粹的心理学规律，这些规律联结心理事件与其他的心理事件，并用来解释这些心理事件。

假设戴维森同意(8′)，那么从相信没有心理—物理规律到相信没有心理学规律需要进行说明，金在权认为从下面的论述中可以看出戴维森似乎从(7)推出了(8′)："认为仅仅由心理概念就能提供这样一种框架(描述心理事件和基于规律预测心理事件)，不过是因为，根据我们的第一个原理，心理事物(the mental)并不构成一个封闭的系统。有极为多的本身并不属于心理事物系统的事件恰好影响到心理事物。但是，如果我们把这个观察结果与下述结论相结合，即没有任何一个心理—物理陈述是(或能纳入)严格的规律，那么我们便得到关于心理事物的变异性原理：

---

① Kim Jaegon. Psychophysical Laws [D]. in Lepore, E., McLaughlin, B.. *Actions and Events: Perspectives on the Philosophy of Donald* Davidson [A]. Oxford, UK: Basil Blackwell, 1985, p. 382.

根本不存在我们能据以预测或解释心理现象的严格规律。”[①]

对这段话，金在权评论道：“戴维森似乎要说我们能从下面两个前提推出心理事物的变异性（the anomalism of the mental）：心理学变异性和心理事物并不构成封闭的系统。但是这个推理是如何运作的呢？我在该文中没有找到明白的似真论证（plausible argument）。”[②]

由于这个原因，金在权于是引入了（8′），而完全忽视了戴维森关于心理系统的开放性的论证。我们在此不打算讨论金在权的这个处理是否贴合戴维森的本意，或者说从戴维森的论述中是否暗含着（8′）。若是联系戴维森对严格规律的定义，可以说金在权的解读不无道理。

戴维森区分两类概括：类法则概括与非法则概括（homonomic and heteronomic generalizations）。所谓“类法则概括”，指的是这样的概括，如果它们被正面事例确认，我们就有理由认为这类概括本身可以在其他条件下给予改善和精确化，而且可以采用与原有概括相同的词汇来陈述这些附加条件。相反，非法则概括在精确化时通常会导致词汇发生变化。根据他的看法，严格规律是类法则概括，非法则概括类似于古德曼所分析的那种关于“绿蓝宝石”的概括。规律只有采用闭包理论的词汇来表述，才有希望是精确的——即清晰的和尽可能无例外的，因而是严格的规律[③]。

这里“闭包”是另一个核心概念，若是闭包在这样的意义上运用：某个理论 T 是否是闭包的，取决于它的事件域是闭域还是开域，也就是，是否 T 域内的事件只与 T 域内的其他事件发生因果作用。那么，在戴维森看来，心理事件不是闭包理论，而物理理论则是闭包理论。这样定义的闭包概念会遇到本书第三章所给出的反驳，因为根据同样的理由，物理理论也不是闭包理论。但是如果按另外一条思路也许可以避免这个困难。按照戴维森的看法，任何事件只能在某些描述中而不是在它的所有描述中成为解释项或者被解释项，从这个角度看，理论是开理论还是闭理论，取决于能否只用该理论的词汇通过规律来解释该理论事件域内的现象。那么，物理现象可以根据物理规律给予解释，而由于心理学概念不可还原为物理

① ［美］戴维森：《真理、意义、行动与事件》，牟博编译，商务印书馆 1993 年版，第 263 页。

② Kim Jaegon. Psychophysical Laws ［D］. in Lepore, E., McLaughlin, B.. *Actions and Events: Perspectives on the Philosophy of Donald Davidson* ［A］. Oxford, UK: Basil Blackwell, 1985, p. 382.

③ 见李平《戴维森的规律观及其方法论底蕴》，《自然辩证法研究》1999 年第 12 期。

学概念，这意味着心理学术语出现在严格规律的语言表述之中在概念上的不可能性①，因此心理理论不是闭包理论。

由于对开放系统有不同的理解，而从上述分析中可见取后一种理解好于前一种理解，其核心被金在权总结为（8′），可以说是有一定道理的。不过，为了忠于原作，我们仍然选择（8）。

通过上述论述，我们基本了解了戴维森论证变异一元论的思路，变异一元论是试图调和原理（1）—（3）的真。关键在于如何看待心理学的范畴。

在“作为哲学的心理学”一文中，戴维森告诉我们一个事件只有通过描述才能被解释。任何特定的事件能通过物理术语或者心理术语来加以描述。而且只有用物理学的词汇描述的心理事件才能支持律则解释。这也就是说，同一个心理事件，若是用纯物理术语描述，就可以服从律则解释。这意味着，当戴维森否认心理学规律的可能性的同时，他也相信物理学规律可以适当地解释人类行动。实际上，这个结论完美地承接于他的上述论证。因为

若是心理事件与物理事件因果相关……（*）

那么肯定存在一个规律包含它们……（**）

但是如果这样的规律不能是心理—生理规律（或者纯心理规律）……（***），

那么它肯定是物理规律。这意味着心理学事件（psychological events）是可根据物理术语描述的，即心理学事件是物理事件，故而能够用物理术语解释它们。戴维森认为这样的立场就是所谓的变异一元论：之所以称一元论，是因为它主张心理学事件是物理事件；而称变异，是因为它坚持心理学事件用心理学术语描述时不会被纳入严格规律。②

2. 心理学（社会科学）解释的独特性

戴维森关于心理学解释以及对社会科学规律的可能性的反驳现在可以更容易理解了。以戴维森来看，心理学的主题（以及社会科学的主题）是人类的意向性行动（intentional human action）。更宽的意义上说，人类

① 见李平《戴维森的规律观及其方法论底蕴》，《自然辩证法研究》1999 年第 12 期。

② Davidson, D.. *Essays on Actions and Events* (2nd) [A]. New York: Oxford University Press, 2001, p. 231.

行为可以包括我们认为的纯粹的物理运动（如条件反射）。但是作为社会科学家，我们的兴趣并不在解释这样的现象上。在心理学解释中我们关注的是意向性行动，它们是人类思想的结果，因此具有心理内容。这样的行动是行动者的信念和期望的反映，这里术语“相信”和“期望”是由心理学的基本词汇构成的，任何心理学解释必须根据这样的意向性表达而给出。

当我们从心理学上解释人类行动时，我们假定行动是理性的，如同戴维森说的“如果我们要把前态度和信念归于行动，那么我们就要在行动、信念和期望的模式中发现很大程度的理性”①。因此，在心理学解释中我们寻求阐明意向性行动的理性，用心理学词汇描述。我们希望评价行动的合适性通过给出行动者的信念和期望。只有对照理性的基本框架，我们才能从心理学上解释行动。这样的解释是规范的，而不是预测性的或者是律则性的。

像诠释论者一样，戴维森同意心理学解释的目标是阐明人类行动的意义，通过移情理解行动者在理性行动的语境中的意向。由于规律不能解释行动的意义，也不能阐明行动相对于理性行动背景是被合适诠释的，因而戴维森认为提供律则解释是不充分的，并且反对心理学规律的可能性。

但是，有一点戴维森不同于诠释论者，他承认人类行动背后有规律支配，这些规律是物理的，并且物理规律对心理现象可作解释。但是他并不认为心理学解释能用物理学术语重新描述，从而还原为物理学解释。也就是说，戴维森认为有两种对人类行动的描述和解释，一种是心理的，一种是物理的。它们之间是不可还原的，因为没有心理—物理规律联结它们。戴维森写道：

“使得我们不能发现决定论的心理—物理规律就在于此。当我们把一个信念、期望、目标、意向或者意义归于行动者时，我们运用的概念系统中必然有部分是由行动者自己的信念和期望的结构决定的。除了改变主题之外，我们不能摆脱心理事件的这个特征，但是这个特征在物理世界中没有对应物。如果我是对的话，心理学事物的不可还原性意味着社会科学不能被期望和自然科学一样的方式发展，我们也不能期望能解释和预测人类

---

① Davidson, D.. *Essays on Actions and Events* (2nd) ［A］. New York: Oxford University Press, 2001, p.237.

行动像自然科学那样的原则上的精确程度。”①

戴维森说得很清楚，如果我们要做社会科学，那么我们不能期望会产生律则解释。如果我们希望用律则术语解释行动，那么我们不是在社会描述下这样做的。由于事件只有在这样的描述下（物理描述）才可被解释，因此当我们试图重述它们时，我们改变了主题。因此，任何我们可以产生的规律是这种重述的结果，它不是心理学的规律。心理学词汇是自洽的和不可还原的。当我们运用诸如“相信”“欲望”这样的词汇时，就没有规律。因为没有规律可以阐明人类行动的意向性，除非我们准备改变心理学的主题。在这个意义上，戴维森认为心理学解释是独特的。

3. 对戴维森的反驳

不可否认，诠释是评价何为合适的社会科学解释的重要成分。第一，按照戴维森处理关于社会科学规律的讨论的立场，我们将说这样一些人就不是社会科学家：这些人从事经验调查，并且用律则的术语描述我们的因果发现，他们想要获得对驱使我们行为的因果规则的深层理解，甚至发现这样的规律。实际社会科学研究中的确有相当多这样的学者，把他们排除在社会科学研究之外，代价将会很大。②

第二，戴维森依赖（8）证明（3），但是（8）是有问题的。（8）不能作为区分心理事件和物理事件的基础，因为（8）蕴涵着物理系统是一个封闭系统，但是物理系统也不是封闭的，而且开放性不一定会排除科学性，或者律则性的获得。这一点我们已经在第三章论述过。

第三，戴维森狭隘化了构成合适的心理学解释（和社会科学解释）的标准，他认为心理学（和社会科学）的主题被意向性所穷尽。在他看来，心理学研究只允许由诸如“相信”、“欲望”等词构成的词汇，因此我们在寻求心理学解释时只能用特殊的词汇。

可见，戴维森认为心理学的主题不仅仅是人类行动，而且是用特定理论词汇定义的人类行动。但是，即使我们同意心理学的主题是意向性行动，也由此推不出心理学研究只能依赖于由行动者自己的信念和期望的结

① Davidson D. . *Essays on Actions and Events* (2nd) [A] . New York: Oxford University Press, 2001, p. 230.

② McIntye, L. C. . *Davidson and Social Scientific Laws* [J] . Synthese, 1999 (120): pp. 383 - 384.

构部分决定的概念系统，并且重述心理学的主题若不是用诸如“相信”、“欲望”的术语，那么就会改变主题。

金凯德也针对戴维森的上述理由具体地列出了其反对意见①：

(1) 关于信念—期望的心理学理论不是行动理论中的最后的词汇：描述行为的多样性、认知心理学等可能会有助于更好地避免信念—期望结构的同时解释人类行动，因此所谓的信念—期望理论的障碍作为衡量社会科学能做什么不能做什么的基础是可疑的。

(2) 大众心理学的对象经常出现要求心理学理论的开放本质或它们利用 CPL，但这不是对成功解释的内在障碍。

(3) 最重要的是，许多社会科学采取的是宏观方面的研究，描述大范围的社会行动，采取的是基于大量资料的结构。这样，它就不会被关于个别行动的特殊理论的失败所影响。

对于第三点，我持保留意见。但要补充两点：

(4) 戴维森行语义上升之路，将一切问题归于语言的研究。在他的论述中，规律是语言问题，不是事实问题；规律不是指自然界的必然性关系，不是事物内在的、本质的联系，规律只涉及语言描述。因此将他的规律观局限于认识论的范畴，认为本体论上没有讨论规律的可能性的空间。这种纯粹的描述主义完全不同于我们认可的定义规律的本体论进路。

确切地讲，戴维森不是反对社会科学规律的存在或者可能性，而是在反对社会科学规律的存在或可能性与澄清社会科学解释（心理学解释）的相关性。也就是说，他认为社会科学规律的可能性与澄清社会科学解释研究没有多少相关性。他整个反驳的基础是变异一元论，其关键在于心理事件不可还原为物理事件，但是金在权在其著名的文章“making sense of emergence”（澄清突现的意义②）中展示了心理事件可部分还原为物理事件，心理层面与物理层面并非不可通约的③。从这两个不同主张之间的激烈争论来看，戴维森作为基础的变异一元论并非一定正确，因而有必要讨论社会科学规律是否存在的问题。接下来，由于戴维森没有真正证明不存

---

① Kincaid, H. *Defending Laws in the Social Sciences* [D]. 1990. in Martin, M., McIntyre, L. C. (eds.). *Readings in the Philosophy of Social Science* [A], 1994, pp. 114 – 115.

② 参考了张华夏教授对该文第Ⅲ – Ⅷ节的翻译。

③ Kim Jaegon. Making Sense of Emergence [J]. *Philosophical Studies*, 1999 (95).

在心理学的规律，而是证明不存在关于可以阐明人类行动意义的信念和期望的规律。其结论自然不足以服人。

（5）在解读戴维森时，我们时刻要注意，他说的规律是指的严格规律，这是一种理想状态，它们只在理想物理学那样的封闭系统才可获得，它们支持反事实条件，并且没有例外，在其范围内是决定论的。因此，戴维森否认的是不可能存在严格的心理学规律描述心理事件之间因果关系，他并未否认存在非严格的心理—心理规律或者心理—物理规律。他在1995年对金在权和福多（J. Fodor）等人回应时一再澄清这一点：

"我已经一再说过如果你想将那些极其重要的规则（undeniably important regularities）称作规律，即把那些联结心理事物与心理事物的常识规则（familiar regularities）（如决策理论中的那些公式）或者联结心理与物理的规则称作规律的话，我并无异议；我只是说这些规则不会也不可能会还原为严格规律。"[①] "在金在权和福多认为存在联结心理概念和物理概念的规律这个意义上，我也认为存在规律，我主张的是这样的规律是不严格的，并且心理概念不能通过定义或者严格的桥接规律还原为物理概念。"[②]

但是，戴维森在作这样的澄清时不知有没有想到他对类法则概括与非法则概括的区分，根据这样的区分，非严格规律不是类法则概括，那么就只有是非法则概括了，这样的规律和偶适概括没有任何区别，面对这样的结果，我认为金在权和福多绝不会接受戴维森的笼络。联系到我们在本章前两节金凯德和罗伯茨对规律的讨论，我们认为即使是理想状态，能成为规律的概括也具有两种形式：严格规则和CP规则，戴维森却只取了前一种，因此他的反驳出于他对规律的严格界定，我们不能说他的论证是错的，但是我们更偏向于接受CP规律进入理想规律的行列。

那么是否能够在重新界定规律之后，既维护因果相关又不导致意向性的缺失呢？我认为关键在CP上，CP本身就蕴涵着对研究共同体范式的理解以及研究者对研究对象的诠释。另外，由于社会科学规律中需要用意向性术语进行描述，所以自然也纳入了对意向性的考虑。

综合本章前面几节的分析，至少我们可以概略地刻画社会科学规律的

---

① Davidson, D.. Thinking Causes [D]. in Heil, J., Mele, A.. *Mental Causation* [A]. New York: Oxford University Press, 1995, p. 9.

② Ibid., p. 11.

特征：a. 社会科学规律的形式是 CP 规则形式；b. 社会科学规律包含意向性术语；c. 社会科学规律刻画某种恒定关系，在其变化域中，该关系原则上是恒定的，原则上意味着该关系在变化域内支持反事实条件限制。

对于 a，虽然 CP 规则表述的是一种理想状态，但是在某种较窄范围的情况下 CP 规则可以被满足。比如，理性经济人是个理想类型，但是一旦顾客的行为有合适要求的偏爱和最大化，我们就能直接地证实该 CP 规则，这表明 CP 规则可被确证。另外，当 CP 规则没有被详述出来，但是仍然能根据 CP 规则作简单的解释，这在于我们相信被例示的事件或状态之间存在因果关系，因而必被非严格的规律所蕴涵；或者当相互作用的因素可以被例示时，可运用相关的 CP 规则来对它们的相互作用结果作至少是近似的预测。

对于 b，从戴维森自己的澄清中可发现，他反对的是意向性术语无法还原为物理学术语，并且意向性术语不能构成严格的心理学规律，但是并未否认由意向性术语描述的关系不能被非严格的心理学（或者社会科学）规律蕴涵。由于我们并未要求规律只有唯一的一种形式，因此他的反驳对于 b 不但没有形成威胁，反而是一种澄清。

对于 c，由于规律都是有限制范围的，因此这并不稀奇，关键处在于其变化域的确立使得规律区别于偶适概括，但是这只是一种形式上的刻画，稳定性是一个相对的概念，究竟在何种程度上说是稳定的，取决于规律的时效性和反例的广泛度。社会科学理论往往是多个竞争范式共存，因此大多是具有反例的，但是有了 CP 的限制，我们可以化解部分反例，同时借助于拉卡托斯的理论，只要反例的程度不至于触及硬核，仍然可以维持基本的规律。我们不妨分析下列概括：

（E）需求量不变的情况下，供应量越少，价格越高；反之价格越低。

概括（E）是经济学里的供求法则，我们说它们是社会科学规律，因为它符合特征 a 和 c。首先，这条法则是 CP 形式的，除了要求需求量不变之外，还要求可替换商品供应量不变、人是理性人等。对于具体的经济环境，很难达到这种理想状态，但是经济研究共同体能判断何时可运用这条法则。这其中就包含共同体对 CP 的理解。其次，该法则刻画了需求量不变的情况下，供应量和价格之间的恒定关系，而且可以依据该法则对未来经济行为作理论上的趋势分析，原则上的支持正是体现在此。

当然，特征 a 和 c 的刻画实际上将意向性抛入到对 CP 理解中，因此，会得出社会科学规律并非本质上不同于物理规律，这个结论为自然主义作出了辩护。

从这三个特征来看，社会科学规律和非本质的科学规律之间没有本质的区别，但是在社会科学中规范（在温奇的文献中称为规则）与规律在形式上没有太多区别，却属于两个不同的范畴，如此定义的规律与规范又是否能区分得开呢？对于这个问题首先要问，规范比之规律有什么特点呢？可能的回答会是：

第一，它是人制定的，同时又被用于人类社会中支配人的行为，它可被人类所遵守、修改、违背或忽略。自然科学的规律（简记为 p）则远离“它们的”世界，p 是不可改变、不可违背的，或许它的限定条件会随着科学研究的发展而有修改和违背，但作为硬核的发生机制一般是不可改变、不可违背的，若是硬核部分发生变化，该规律所倚赖的科学理论将会发生范式转换，科学革命发生，理论的创新会产生新的规律硬核，在很长一段时间，这些 p 将为科学共同体所遵循和运用。

第二，规范是主体间性的。如果从规范的来源来讲，它纯粹是主观的（尽管它并非是出自于某个人的），它无须经验检验。规范也具有客观性：只要它没被修改，它便约束着它所支配的“语言游戏”中的人们，无论人们赞成还是反对它，但是对于该规范约束的“语言游戏”之外的人群来说，规范的约束力是无效的。

第三，对于社会而言，只存在规范是否合理的问题，而不存在有无规范的问题。而 p 却面临是否存在的问题，是否有效是否可靠的问题。按温奇的看法，每一有意义的行为都在某一种语言游戏中，每一种语言游戏都遵循某种规则/规范，由于有意义的行为在社会科学中不存在是否存在的问题，因此，规范也就不存在是否存在的问题，而且，规范就存在于日常生活中，对规范的最好理解就是知道如何使用它，而无须将它陈述出来。

第四，规范的功能在于理解，在语言学上属于语用学的层次，回答“如何用”的问题，没有真假，只有恰当不恰当之分；而规律的功能是解释，在语言学上属于语义学的层次，回答“为什么”的问题，其真假需要经验的确认。

但是，经过修正后的规律（简记为 q）较之规律 p，最明显的不同在于承认意向性，那么与规范相较，上述四点还能作为规范的特点吗？

第一点说到底是说规范与人的自由意志有关，而规律只与自然必然性有关，是普遍的，客观的。但是，规律 q 也融入了主观因素，规范与规律在普遍性上只有程度的差别，因此，这一点要作为规范区别于规律 q 的特点又得回到自由意志的讨论上，不同的立场会得出不同的回答。

对于第二点，由于规律 q 容纳了意向性，因此它也是主体间性的。

对于第三点，我们已给予了肯定的回答，社会科学中存在规律 q。而规律 q 的有效性和可靠性取决于规律 q 的解释力，对规范的理解深浅同样取决于规范的解释力，因此，第三点也不足以区分规范与规律 q。

最后，片面地强调语用的分析，而忽视句法和语义的分析，这在语言学上仍然是不完善的。在蒯因、赖尔（G. Ryle）和戴维森等人的工作中批判了这一点。更严重的是，若否认社会科学的任务不是发现客观的新规律，而是对约定、规范的理解，对特殊事实的诠释；不承认科学解释的真理性，强调解释的标准是实用主义的，将会使得社会科学解释变成了一种随时间、地点和解释主体的认识旨趣构成的语境的不同而不同的相对主义解释。因此，当前我们的任务是既要吸收反自然主义的合理因素，又要警惕落入相对主义的陷阱，在自然主义和反自然主义之间保持必要的张力。所以，第四点也不是区分规范和规律 q 的明显标志。

可见，规范虽然在本体论上依赖的并非自然必然性，但是在形式上与规律 q 相比较已经不再独有上述四条特点，规律 q 与规范之间无法划定一个明显的界限。因此，很有可能规范可以进入解释的句法形式中，但是解释是理论、事实与解释者三者互动的活动，因此，规范与规律的上述区分在一定意义上还是存在的，规范在社会科学解释中的地位直接和持什么样的规律观和解释观相联系。

（6）我们已经在第三章指出，必须进入前态度、信念和行动三者的诠释学循环中才能识别行动者的前态度。在“Intending”一文[①]中，戴维森认为前态度必须被理解为行动者作的价值判断，而不是被描述的心理状态，那么前态度指定了一种个体规范或价值标准。这种个体规范不是行动者私人的规范，而是与行动者所在的社会背景有关的。那么对前态度的识别是否会使得意向性解释不是因果解释呢？

不可否认，前态度的确是关于个体的事实，但是如果规范或价值是社

① Davidson, D.. *Essays on Actions and Events* (2nd) [A]. New York: Oxford University Press, 2001, p. 86.

会的，那么前态度要作为主要理由就只有当它们处在行动的公共规范中[①]。这使我们联想到温奇关于意义与遵从规则的讨论。他说所有有意义的行为必定都是社会的，因为它们只有在规则的支配下才可能是有意义的，而规则就预设了社会的背景[②]。识别特定个人的动机或理由，必须结合这个人所在社会中的规则。因此，行动者所在的共同体的规范决定行动者的信念和期望（或前态度）是否算作行动的主要理由。因此，里斯约德（M. Risjord）下结论说，解释中纳入对规范的考察，这是自然科学的因果解释所不具有的，因此我们可以说意向性解释不是因果解释。人类学中有一个具体的例子作为佐证[③]：

罗萨杜（Renato Rosaldo）在其 *Illongot Headhunting* 1883 – 1974：*A Study in Society and History* 一书中描述了 Illongot 人的猎人头习俗。Illongot 人是菲律宾群岛的一种高地人，他们有一种“猎取人头”的活动。这指有组织地袭击另一个部落。有经验的老人带领一组新手，选择一个埋伏点，并选定一个无辜的陌生人。他们一起杀了这个人，并且由其中一个新手斩下受害者的头颅，扔进森林中。一旦这个年轻的新手“斩下了一个头”，他就会获准戴上红色羽毛做成的耳环，戴这样的耳环就意味着获得年轻女子的钦佩，并能在被其他男人嘲笑时予以反击。

按当今社会的评价标准，若是一个年轻男子因为想获得年轻女子的钦佩，而在冷静而有计划的状态下去杀害一个无辜的人并砍下其头颅，他就会被认为是疯子。但是，罗萨杜在书中分析了当时 Illongot 社会的规范。

猎杀人头是年轻男子获得成人地位的过程的一部分，这个过程最终以结婚完成，而猎杀人头是通往婚姻的其中一步。Illongot 是母系社会，这意味着男子结婚后居住在他妻子的家庭中。在求爱期间，追求者会到他的心上人家中帮忙干活（种田或者打猎），通过这些活动他要展现他将是一个出色的女婿。但是，在帮助干活时，他会遭到心上人兄弟和父亲的侮辱、打骂甚至致命的恐吓。如果他猎取了一个人头并且戴上了红羽毛耳环，那就代表他部分地获得了成人地位，他就可以进行反抗，否则，他必

① Risjord M.. Reasons, Causes, and Action Explanation [J]. *Philosophy of the Social Science*, 2005 (3): p. 298.

② Winch P.. *The Idea of Social Science* (2nd) [M]. London: Routledge, 1990. p. 116.

③ Risjord M.. Reasons, Causes, and Action Explanation [J]. *Philosophy of the Social Science*, 2005 (3): pp. 299 – 300.

须默默地忍受。在这样一个社会环境下，很容易明白冷血地杀害一个陌生人的理由之一是想追求年轻女子并且能反抗其兄弟和父亲的辱骂。

这表明，具有一个前态度不同于具有一个行动的主要理由。前态度是心理状态，也是关于人类个体的事实。而具有主要理由要求前态度与行动有一种规范性的关系，这些规范关系是社会地构成的。因此，前态度（如想要追求年轻女子）在一种社会背景中能算作行动的主要理由，而在另一种社会背景中不算。主要理由的社会背景在意向性行动的解释中具有极为重要的地位。那么，主要理由与行动之间的规范性关系是否反驳了戴维森将意向性解释等同于因果解释呢？

因果解释有几个主要的理论（如 Salmon，1984①；Humphreys，1989②；Lipton，1991③；Lewis，1986④），这些理论至少有一个共识，即因果解释有一个必要条件：

X 因果地解释 Y 仅当 X 是 Y 的因果历史中的一个事件（或过程）。

这个表达被称为本体论模式，它蕴涵着解释是事件或实体间的关系，而不是语句之间的关系。它试图提供因果解释的本体论和认识论理论。⑤根据这个条件，里斯约德认为构成主要理由的规范性的社会背景不能算作因果解释的解释项，因为具有主要理由的社会背景不是事件也不是过程。但是，意向性解释中，信念和前态度作为理由，它们必须置于能作为行动的主要理由的社会背景中。因此，意向性行动解释必须包括主要理由的社会背景，这是不能被因果解释的解释项所包含的。

我们是否同意里斯约德的这种说法，如果同意的话，我们如何再论证因果解释或者诉诸规律的解释是社会科学解释的主要类型之一？如果不同意的话，为什么不同意，又怎样看待规范在因果解释中的地位呢？这些问题使本书进入第五章的内容。

---

① Salmon, W. C.. *Scientific Explanation and the Causal Structure of the World* [M]. Princeton: Princeton University Press, 1984.

② Humphreys, P.. *The Chances of Explanation* [M]. Princeton: Princeton University Press, 1989.

③ Lipton, P.. *Inference to the Best Explanation* [M]. London: Routledge, 1991.

④ Lewis, D.. Causal Explanation [D]. in Lewis D.. *Philosophical Papers* [A], Vol. 2. Oxford: Oxford University Press, 1986.

⑤ Risjord, M.. Reasons, Causes, and Action Explanation [J]. *Philosophy of the Social Science*, 2005 (3): p. 300.

【文献综述】

本章的直接资料来源是克里斯托弗·希契科克（Christopher Hitchcock）2004 年编辑出版的 *Contemporary Debates in Philosophy of Science* 一书中约翰·T. 罗伯茨（John T. Roberts）与哈罗德·金凯德（Harold Kincaid）的两篇文章。约翰·T. 罗伯茨在 There are no laws of the Social Sciences 一文中反对存在社会科学规律，这种规律指在完全在社会科学主题范围内的规律。他的关键核心是澄清设限规则的含义，然后论证社会科学中不存在这样的设限规律。多元可实现性是其主要论证依据。哈罗德·金凯德则在 There are laws of the Social Sciences 给予回应，他的进路是整体主义的自然主义，通过对社会科学存在规律问题的辨析，将之归结为对如下三个问题的论证：Q_1. 世界中哪类东西是规律？Q_2. 揭示规律的是哪类陈述？Q_3. 有没有哪类特别的规律陈述实际上这样做了？两者的观点虽然相异，但同时都认识到意向性的影响是社会科学规律存在论题必须讨论的问题。

罗森堡将问题深化，认为对这一论题的讨论核心在信念、期望和行动之间是什么关系，而解释行动的信念、期望是行动的主要理由，那么主要理由是否是行动的原因就是成为争论的核心。这一论述主要参考于亚历山大·罗森堡（Alexander Rosenberg）的 *Philosophy of Social Science* 第二章。

冯·赖特和戴维森对于罗森堡引出的问题分别持不同的意见。

冯·赖特认为联系意向和行动的是行动者关于手段（行动）/目的（意向）关系的信念。凭借这个观念，冯·赖特认为行动者的手段/目的信念犹如胶水一般把行动者的目的和他的行动联结在一起。因此，如何知道行动者的意向和手段/目的信念（即主要理由）就是意向性解释的关键，而这些都只能通过理解而不是解释来达到，故解释一个行动并非从分析因果关系入手，而是从分析行动产生的理由入手的。他的这些论述主要来自于（1）冯·赖特《说明和理解》，《哲学译丛》1988 年第 5 期；（2）冯·赖特《知识之树》（2003）以及（3）雷克斯·马丁《历史解释：重演和实践推断》（2005）。

戴维森论证了主要理由即原因，但是又否认社会科学规律存在的可能性。本书分析这些观点的文献来自于唐纳德·戴维森（Donald Davidson）·

的 Essays on Actions and Events（2nd）（2001）中的 Actions, Reasons, and Causes（1963）; Mental Events（1970）; Psychology as Philosophy（1974）; Intending（1978）。戴维森的中译文集《真理、意义、行动于事件》（牟博编译，1993）对 Mental Events 翻译“心理事件”一文帮助本书把握戴维森的思路。还有约翰·海尔（John Heil）和米尔·阿莱弗尼德（Mele Alefned）编辑的 *Mental Causation* 收录的戴维森的文章“Thinking Causes”（1995）对戴维森关于严格规律以及因果关系的看法作了有益的澄清，另外，帮助理解的文献还有李·麦金太尔的 Davidson and Social Scientific Laws（1999）、金在权（J. Kim）的 Psychophysical Laws（1985）、李平的《戴维森的规律观及其方法论底蕴》（1999）、韩林合的《分析的形而上学》（2003）。

最后，帮助本书对上述各观点尤其是对戴维森的评判的文献有金凯德的 Defending Laws in the Social Sciences. 1986（in Martin and McIntyre, 1994）。

第五章　规范、意向性解释与修正的关联模型

本章希望解决上一章留下的问题，所以有必要简单地回顾一下戴维森的主张。戴维森在讨论社会科学中因果关系和规律时主要有四个关键点：

Ⅰ. 变异一元论（也可称为心理事件对于物理事件的随附性）：一个事件如果用心理学术语描述就是心理事件，如果用物理学术语描述就是物理事件，因此心理事件是物理事件；但是心理事件用心理学术语描述时不可还原为物理事件。

Ⅱ. 严格规律说：严格规律是一种理想状态，它们只在理想物理学那样的封闭系统才可获得，它们支持反事实条件，并且没有例外，在其范围内是决定论的。心理学或者社会科学是开放系统，故而不可能存在严格的心理学规律描述心理事件之间因果关系（但是戴维森并未否认存在非严格的心理—心理规律或者心理—物理规律）。

Ⅲ. 心理学（或社会科学）解释的独特性：在心理学（或社会科学）解释中我们关注的是意向性行动，这样的行动是行动者的信念和期望的反映，我们通过给出信念和期望来解释行动。这样的解释表明行动者的理由是理性的或合理的，因此，只有对照理性的基本框架，并且采用心理学术语描述，我们才能从心理学上解释行动。这样的解释是规范的，而不是预测性的或律则性的。在这个意义上，戴维森认为心理学解释是独特的。

Ⅳ. 因果观：因果关系是个别事件之间的关系，处于本体论层面，规律则是语言问题，涉及事件的语言描述，而不是指自然界的必然性关系，不是事物内在的、本质的联系。那么，就因果关系而言，无论事件可以做出什么样的描述，单称因果陈述仅断定两事件之间的引起或被引起关系；就规律问题来说，事件只能通过它所满足的一定描述来例证规律或被规律

所涵盖。

根据这四个方面的澄清，戴维森论述了这样三个观点：

（1）主要理由在世界的因果图式中占有位置（这是“主要理由即原因”的另一种表述）；（2）意向性行动通过给出主要理由作解释；（3）行动的意向性解释就是因果解释。

如果（1）和（2）是真的，那么，（3）就是真的。而且，戴维森也并未对社会科学非严格规律的可能性形成根本的冲击，这是学界常常会出现理解偏差的地方。因此，戴维森的进路似乎有利于我们维护意向性解释就是因果解释的立场。但是，我们还有一个问题没有解决，那就是里斯约德提出的规范在意向性解释中的作用是否会导致其不能被因果解释包含。

在本章，我试图反驳里斯约德，并且认为意向性解释也是因果解释的一种特殊形式，但是部分地接受他的关联解释模型。最后，我将给出对关联模型的修正方案，并例证其合理性和有效性。

第一节　规范性关系与意向性解释

里斯约德自认为是对戴维森的修正者，他认为戴维森论述了这样三个观点[①]：（1）主要理由在世界的因果图式中占有位置；（2）意向性行动通过给出主要理由作解释；（3）“X 是做 Y 的主要理由”描述了 X 和 Y 之间的规范性关系。

我们已知，如果（1）和（2）是真的，那么行动的意向性解释就是因果解释。但是，我们看到（3）形成了把意向性解释看作因果解释的障碍，每一个观点直觉上都好像是真的，但是它们互不相容。里斯约德认为有一个方法使得这三个论点同时成立，它要求我们根据 why—问题重新考虑解释的逻辑形式，这就是关联模型。

① Risjord, M. . Reasons, Causes, and Action Explanation [J] . *Philosophy of the Social Science*, 2005 (3): p. 301.

一、意向性解释的关联模型

社会科学哲学中，关联模型的提倡者主要是亨德森①（1993；1996；2002；2005）、里斯约德②（1998；2000；2005）和斯图伯尔③（Stueber，2005）等。关联模型把解释作为对 why—问题的合适回答。Why - 问题形如“为什么 P，而不是 Q，R，……”其中 P 是问题涉及的主题（topic），{P，Q，R，……} 是对照类 Ω（contrast class），区分 P 发生而 Q，R，……不发生的叫相关关系。对 why—问题的相关回答必须满足两个条件④：（1）解释描述的因素或特征被主题所具有，而其他对照类成员没有；（2）解释描述的因素或特征被行动者作为充分的理由去选择（做）主题而不是其他对照类成员。

我们注意到，科学哲学中持此解释观的大有人在，如范·弗拉森（2002）⑤、杭福瑞（Humphreys，1989）⑥、列维斯（Lewis，1986）⑦ 等，范·弗拉森是最主要的代表。因此，亨德森等人独特的地方是把这种解释观应用到社会科学解释上来。他要解决的一个难题是，自然科学中的术语都是描述性的，社会科学的术语多数是规范性的，如何把对“是”的研究成果用于“应该”的研究上。他的手段是借用现代心智哲学的研究，

① Henderson, D.. Interpretation and Explanation in the Human Sciences [M]. Albany: State University of New York, 1993. Henderson, D. Simulation Theory vs. Simulation Theory: A Difference Without a Difference in Explanation [J]. *Southern Journal of Philosophy* 1996 (34). Henderson, D. Norms, Normative Principles, and Explanation [J]. *Philosophy of the Social Sciences*, 2002 (3). Henderson, D. Norms, Invariance and Explanatory Relevance [J]. *Philosophy of the Social Science*, 2005 (3).

② Risjord, M.. Norms and Explanation in the Social Sciences [J]. Studies in History and Philosophy of Science, 1998 (2). Risjord M.. *Woodcutters and Witchcraft* [M]. Albany: State University of New York Press, 2000. Risjord, M. Reasons, Causes, and Action Explanation [J]. *Philosophy of the Social Science*, 2005 (3).

③ Stueber, K.. How to Think about Rules and Rule Following [J]. *Philosophy of the Social Science*, 2005 (3).

④ Risjord, M.. Norms and Explanation in the Social Sciences [J]. *Studies in History and Philosophy of Science*, 1998 (2), p. 228.

⑤ ［美］范·弗拉森：《科学的形象》，郑祥福译，上海译文出版社 2002 年版。

⑥ Humphreys, P.. *The Chances of Explanation* [M]. Princeton: Princeton University Press, 1989.

⑦ Lewis, D.. Causal Explanation [D]. in Lewis, D.. *Philosophical Papers* [A], Vol. 2. Oxford: Oxford University Press, 1986.

认为规范性的陈述可以转换成心理学的术语。一旦这个问题解决了，他就可以把现代科学哲学关于因果性和解释的成果一并运用到社会科学哲学中。如果简单地叙述亨德森的解释观，就是他眼中的解释是因果解释，但是不排斥上述实践推理中的理由作为解释的一部分，只要理由与行动是因果相关的。

这样，关联模型克服了实践推理模型的不足：被解释项明确了，不同的 why—问题需要不同的解释，相同的话题，解释却有多种就是很正常的了；而且也不再要求行动是达到期望结果的必要条件了，因为行动者的理由只需用来选择话题而不是对照集中的其他成员。而冯·赖特的理由就是理由，不是用来做选择的。

拿上一章的例子：对“为什么我邀请小张吃饭?”的解释，首先确定问题的话题和对照集，话题已经很明确，对照集如果是“我独自吃饭”，那么“我希望有人陪”就足可以将话题和对照集区分开来，也不必要求小张是唯一的或最佳的陪我吃饭的人选。若是对照集是“我请小张看电影”，那么我的解释就是“我想去看电影并且希望有人陪”。

而且，亨德森的关联模型的外延要超出实践推理，因为实践推理遵从工具理性的规范，这些规范是作为解释的形式而非内容介入解释的。而关联模型只有当这些规范成为行动的促进原因才视其为解释的一部分，因此这些规范在关联模型中是作为解释的内容而非解释的形式介入解释的。另外，关联模型并不限于工具理性的规范，它可以容纳其他的规范。例如：

问题：为什么行动者 N 靠右行驶，而不是靠左行驶?

解释 1：(1) N 想减少死亡的可能性。

(2) N 相信她不能减少死亡的可能性除非她靠右行驶。

(3) 因此 N 靠右行驶，而不是靠左行驶。

解释 2：(1) N 相信：交通堵塞是不好的，因此每一个人都要尽可能减少交通堵塞。

(2) N 认为靠右行驶，而不是靠左行驶可以减少交通堵塞。

(3) 因此 N 靠右行驶，而不是靠左行驶。

实践三段论只能容纳像解释 1 那样的解释，不能容纳解释 2。因为解释 2 中解释项 (1) 不是行动者的目标，也没有直接遵从工具理性的规则，但是关联模型也容许解释 2 这样的解释，因为解释 2 中的解释项能将话题和对照集区分开来，而且促进了话题发生的可能性。

但是，由于亨德森的关联模型把理由归于行动者，并且要求行动者视这些理由为行动的充分理由，理由才是和行动因果相关的，因此才能作为解释的一部分。那么行动者必须要么相信这些理由是行动的充分理由，要么当有这些理由时，有相应的倾向去行动。但是如果行动者不相信这些理由是行动的充分理由，或者当有这些理由时没有相应的倾向去行动，那么解释就不成立了。因此理由进入关联模型中的因果范式，最终需要有关行动者的相关事实，要诉诸行动者的信念和愿望。这样有什么缺陷呢？我们同样用举例的方式来说明。

某大学政治公共课的评分标准是按百分比评分的，每个班中前 10% 得 90 分，30% 得 80 分，25% 得 70 分，25% 得 60 分，10% 得不及格。在这个评分体系下，问该大学 W 同学为什么不及格，而不是得了其他分数？光拿 W 学习不努力不足以作为充分理由。也许 W 也很认真，但是 90% 的同学都比他考的高。这里区别话题与对照集的关键特征或属性是百分比的评分体系，因此一定要将评分体系考虑进去，W 学习比其他 90% 的同学要不努力些，并且考分在全班倒数 10% 内，才可能成为充分理由。

从上例可以看出，若关联模型单单诉诸行动者的信念和愿望，是无法解释有些行动的。有时群体层面的规则或标准也要作为解释的一部分。因此，社会科学解释的关联模型的相关关系的要求需要修改。

另外，关联理论的一大优势在于其对解释的细致分析。运用关联理论，我们能清晰的辨别出意向性行动解释的特殊特征。而且理由和行动的规范关系能够在解释中找到合适的位置。相关标准识别可能的答案集，通过详述区分话题和对照集的方面，从而回答问题。解释的关联模型主张解释是对 why—问题的构造与回答，问题的构造取决于语境，问题的回答也取决于语境。这个语境表现在相关关系上，相关关系识别可能的答案集，通过详细叙述区分主题和对照类的方面，从而回答问题。也就是说，why—问题具有特殊的逻辑形式，why—问题问“为什么 P 而不是 Q?”其中有话题 P，对照集 Q，以及相关标准。例如，问题“为什么‘挑战号’航天飞机会爆炸?”至少可能有两种方式回答。一种可能描述充分的原因：进入大气层时，航天飞机和大气摩擦产生的高温熔化了机身。但这不是 NASA 调查小组寻找的原因。他们要寻找的是航天飞机机身被高温熔化的结构原因。但是很难说两种回答方式中哪个是更好的回答，这是由于原始的 why—问题是暧昧不明的，关联模型将这个模糊归之于不同的相关关系。实际上这是两个 why—问题，它们有共同的主题（“挑战”号爆炸）和对照类（“挑战”号安全降落），但是有不同的相关关系。一个相关关系要求相关的回答必须是充分的原因，另外一个要求必须是结构条件。

主题、对照类和相关关系具有预设，一个 why—问题能被问和答仅当它的预设是真的。有些预设是属于特定领域的，而另一些则是普遍的。例如，有个预设在任何领域下解释的主题都是真的而对照类都是假的，该问题问：为何这个屠夫失去了工作而不是那个面包师或那个做蜡烛的人失去工作？如果这个屠夫没有失去工作或者面包师失去了工作，那么这个问题就是无意义的。因此，预设等同于某种限制，决定什么算是合法的主题、对照类和相关标准。不同形式的解释由不同的预设引起。

识别意向性行动 why—问题的预设不是小问题。根据我们的目的，我们只要识别一个关键的特征。在一个意向性解释中，解释项必须首先是行动的一个理由。根据关联模型，这个要求是一个相关关系。因此，对意向性行动 why—问题的相关回答必须是行动的理由。意向性行动 why—问题预设了心理状态和行动之间具有规范性关系。拿一个简单的例子，假设约翰买了一袋口香糖，我们想要解释为什么。这个问题“为什么约翰买了一袋口香糖?”的话题是“约翰买了一袋口香糖”，对照集诸如“约翰买了一支棒棒糖”和“约翰买了一本杂志”。那么这个问题要问的是约翰的理由。因此，这个问题限制了答案的可能范围是提供行动的理由。（我不同意这个说法，为什么买一袋而不是两袋或三袋，也可以说是要提供理由，问题不在于这里）这意味着在被答案描述的状态和被话题描述的行动之间必定存在一个规范关系，这个回答“约翰想买一袋口香糖”满足相关标准。在 21 世纪初的美国，想要一袋口香糖能算作买一袋口香糖的理由。也就是说，在我们的共同体中，寻找一个规范关系在想要口香糖和去买口香糖之间。这个社会事实以及行动者的心理状态满足 why—问题的相关标准。意向性解释的相关标准不是经常被满足的。如果我的邻居决定寻找一个陌生人并且把他杀了，他的理由是这个行动会打动他的心上人，并且反抗心上人兄弟对他的侮辱，那么他会被断定为精神病。在我的邻居中，这不是属于行动理由的前态度类型。判断某人犯罪的精神病就是认为他没有完全对他的行动负责。这意味着，我们不能给出鲜活的意向性解释。他的行动能根据他的期望被解释，但是这变为一种直接的因果解释。因果解释和意向性解释的不同是，把前态度的地位变做理由。在我所居住的共同体中，想要打动心上人不能算作谋杀一个陌生人的理由。若是我们将同样的前态度和行动移到另外一个社会，比如说 19 世纪的 Illongot，这里行动的规范是不同的，前态度在这里是理由。因为，这个规范满足相关标准的预设，“为何这个年轻男子杀了那个人”之类的问题可以被提出，并且它能被回答，像 Rosaldo 那样。

如果前态度算作行动的理由，那么个人必须在这样的社会背景中，在其中有规范联结这个前态度和那种类型的行动。规范的寻找满足意向性行动 why—问题的预设。这个捕捉理由的规范性的方式向我们展示了怎样解决 1、2 和 3 之间的不相容。解释的关联模型区分了意向性解释和因果解释，因为这个区分是基于解释的形式，它不会和 1 冲突。相反，此处预设的规范性主张是广义地自然主义的。谈论规范就是谈论某类社会关系，而不是指某种称为“价值”的超自然的或者因果无效的实体。规范和规范性在世界的因果理解中占有地位。信念和前态度可以是行动的原因，并且满足社会地构成的行动规范，并且这个是在理由即原因的意义上。因为动机的规范地位是相关标准的一个预设，只是由于它们社会地构成的规范地位作为原因，信念和前态度才能解释行动作为意向性行动。Illongot 例子再次突出了描述规范与遵循规范的重大不同。意向性行动 why—问题的相关标准预设了规范的描述。该规范授权行动者基于动机理性地行动。如此行动的行动者表达他对规范的服从，但是解释该行动的诠释者不需要。诠释者可以采取相反的规范，即坚持 Illongot 的规范是错误的。

如戴维森所区分的，把行动描述为理性的和认定行动是理性的是不同的，他论证了对理由的描述可能是原因，但是理由的评价特征是否是因果的呢？传统的观点是消极的，因此这种规范的特征（给出价值评判标准）不可能在经验的和描述的特征中发现。亨德森和里斯约德正是在此处出现了分歧，亨德森坚决反对规范进入解释，里斯约德则全力支持规范性的涉入。我认为两人产生分歧的原因在于他们对下列问题采取了不同的理解方式：规范在社会科学解释中的可能角色是什么？他们对该问题中两个关键词——规范和社会科学解释——的理解都是不一致的。

二、意向和行动之间的规范性关系

谈到社会科学解释，必联系到科学解释的界定；而谈到规范，则必涉及对理性的界定。对于上述问题，这两者是相互制约的，什么是科学解释决定了哪种研究算作理性研究，而成为理性的，至少要求按照相应的规范从事科学研究。

谈到规范，我们不禁想起温奇关于遵循规则的观念。温奇在自然的和可观察的与遵循规则的和社会之间作了明确的对比。在温奇的著名论断中，共享的规则构成社会的，概念上的适合性被作为成为社会的可能条件。规则是概念上形成的，而不是经验上发现的，规则决定在一个群体中什么是合适的什么是被反对的，对规则的把握在于对社会制度的理解。因此，规则之于规律在社会科学解释中的地位，最大的不同在于其和行动者所在的社会群体的规范有关。温奇曾形象地比喻社会科学家与其研究对象的关系是工程师与其同事的共同参与活动，而不太像工程师与他正在研究的机械系统的关系。①

对于温奇，概念性的规则决定了什么算作理性的，也就是说，只有理解行动者所在的社会规范，行动才有可能被认定是理性的还是不理性的。这表明行动的理性的判断，要在整个研究框架下进行断定，故而对为什么事情发生的可接受的解释是文化相对的。

里斯约德依此思路对戴维森展开了批判，他说："根据戴维森，一个行动被解释当我们认识到行动者的意向，该意向构成行动者的信念和前态度。戴维森继续说道，通过意向解释一个行动是一种因果解释。戴维森的论证永远吸引人，因为他将理由和原因合在一起。意向和行动之间的关系是规范的，但是非目的论的因果关系不是规范的。"②

（1）里斯约德将戴维森关于前态度的主张与其关于具有一个意向作出一个行动联系到一起，他将这样的意向作为决定行动做得正确的特征，也就是使得行动是好的或合适的，因此认为意向和行动之间具有规范性关系。

但是戴维森自己否认这样的论述："意向和行动之间是规范性关系"，如戴维森所说，"总体上，前态度不必是每一类行动应该具有的信条，它是偶然的"。③"知道一个主要理由就是知道行动的意向……但是知道意向

① Winch, P.. *The Idea of Social Science* (2nd) [M]. London: Routledge, 1990, p. 88.

② Risjord, M.. Reasons, Causes, and Action Explanation [J]. *Philosophy of the Social Science*, 2005 (3): pp. 294 - 295.

③ Davidson, D.. *Essays on Actions and Events* (2nd) [A]. New York: Oxford University Press, 2001, p. 4.

不是知道主要理由的必要条件……意向的表达是描述的外在形式，它不是指称实体，它在语境中的功能是根据行动理由产生一个对行动的新描述。"① 戴维森没有提出要详述什么算作正确的行动，而温奇有这个要求。显然，里斯约德误解了戴维森。

温奇的规范性主张意味着阻断休谟式因果解释的对社会现象的可运用性。他认为社会科学的逻辑只能是概念的，也就是说只和社会群体的思想或概念相关。在这个方面，温奇排除了戴维森试图说明理由即原因的可能性。

戴维森认为理由和行动可以是解释的，因为它们是以原因和结果的一般模式联结的，而温奇认为社会不会受经验的检验。这表明温奇将很可能不会同意戴维森。至少在理由即原因这个关键点上，他们持有对立的立场。

另外，里斯约德这样理解因果解释：因果解释需要原因，唯一地来自于定义关系或形式关系的结果不算解释。作为规范的描述，只能是分析的，因此规范逻辑上蕴涵对规范的特殊例示。但是逻辑蕴涵没有为因果解释提供充分条件，故规范不能是任何因果解释的合适部分。但是意向性解释中，前态度能作为行动的理由的依据是社会规范，故规范是不可或缺的部分，规范是非因果解释的，来自于它们支持理由和行动之间的评价性逻辑关系。所以里斯约德认为规范能扮演解释的角色，困难出现在提供合适的逻辑论证说明规范怎样在意向性解释中作用的。

回忆上一章我们对戴维森的分析，里斯约德显然是没有注意到戴维森对因果关系的论述。我们不妨再次抄写在此：因果关系依赖于世界中被描述的事件是否是那样，而陈述这个关系的语句可以是分析的也可以是综合的，这取决于我们如何描述事件。②

根据戴维森，描述因果关系的可以是分析的也可以综合的陈述，规范虽然逻辑上蕴涵对规范的描述，但是这并不表明规范的描述是分析的，故不可就此认为规范性描述不可进入因果解释。不过，规范是"应该"陈述，它支持理由和行动的逻辑关系不是演绎的或归纳的，这确实是说明规

---

① Davidson, D.. *Essays on Actions and Events* (2nd) [A]. New York: Oxford University Press, 2001, pp. 7-8.

② Ibid., p. 14.

范在解释中地位的困难所在。

（2）更为深层的是，里斯约德认为自然主义否认规范性原则的作用是忽略了关联解释中的“当局标准”（local criteria）的重要地位。

“诠释者必须识别在这样一个语境中什么（对于当局者）算作一个好的理由或者坏的理由。这些就是理性的当局标准。支持这些标准的观点在认定行为的解释如果不接受这个标准则是不可解释的这一点上加强了一致性。”①

里斯约德的建议是令人疑惑的。关于“理性的当局标准”的“观点”，它们似乎构成了当局的一致倾向于评价性立场的报告。坚持这种报告进入（关联）解释并不是主张规范性原则进入关联解释。如果这就是里斯约德的意思，那么和亨德森的立场就一致了。

亨德森把规范性原则和持有规范性原则相区分。按他所定义，“存在句子或者这种句子的内容。它们由于具有规范的意思（import）而被识别出来，具有规范的意思也即断言把什么视作应该是（范畴上或者假设上）已经发生了的。……例如，在整个黑人隔离制度时期里，许多来自美国南部的人（绝大多数是白人）持有这样的规范性原则：黑人应该坐在公车的后部。前面整个句子组成了对持有一个规范性原则的报告/记录（report）。对应的规范性原则是：何人应该坐在公车的后部。如果不持有非洲裔美国人应该那样做（如果不认为非洲美国人应该那样做），那么也就不可能信奉这个规范性原则。反过来，即使不认可，却可以给出报告。一般认为当规范性原则嵌入在报告的 that—从句中时，这个公式不再有效——它是规范上中性的。嵌入式规范性原则纯粹服务于表达（represent）某人或者某些人持有的规范性原则的内容。而作为整体的报告则没有任何规范性意义”。② 很明显，亨德森这种区分为其主张规范性原则没有解释地位作了细致的铺垫。里斯约德的建议到底是否和亨德森的一致呢？

首先，我们必须区分两种方式，通过它们，当局标准也许可认为进入解释。该标准能是“当局的”而且是那些提供解释的标准。若当局标准

① Risjord, M.. *Woodcutters and Witchcraft* ［M］. Albany: State University of New York Press. 2000, p. 154.

② Henderson, D.. Norms, Normative Principles, and Explanation On Not Getting Is from Ought ［J］. *Philosophy of the Social Sciences*, 2002 (3): p. 332.

是我们寻求去解释个人或人们的行动的，那么它们也是我们最好呈现一个人应该怎样推理或者具有的。这不是里斯约德2000年建议的图景。他建议的是，属于其他人的当局规范性原则进入解释，原则在别人那里是当局的，而不是对于我们而言。那么，其他人的规范性原则是否在关联解释占据重要地位呢?

普雷斯特列曾经解释说为什么老鼠关在充满由加热红色的汞灰后产生的气体封闭容器中会活得更久一些? 那是因为盒子中的气体是脱燃素的。对于相关的一个why—问题：为何蜡烛在这种气体中燃烧得更亮? 他也会这样来回答，即盒子中的气体是脱燃素的。我们合理的反应是，他给出了一个不正确的答案——因此他给出了一个不正确的解释。现在的问题是，不正确的解释真的是解释吗?

一般的合理反应是（按照关联进路）把解释理解成正确的解释——什么真正地满足了对特定why—问题及其回答的分析。最宽容的处理是看给出回答或解释的答案是否可去识别具有与主题有相关关系的状态的一个事件。按照这种处理，普雷斯特列就有了上述的解释。但是，即使采用这种处理，其他人的当局规范性原则也不能在属性上算作解释。

因为即使宽容处理这种解释，在什么算作对why—问题的一个回答或者解释上，也有一个重要的限制：某人可以给出一个陈述（或命题内容）作为对why—问题的回答，仅当对于该个人知识而言最佳，它识别了某个状态或者事件，话题依赖于这个状态或事件，而且与R相一致。因此，普雷斯特列也许是通过列举脱燃素气体的存在而来解释，但是我们不能。故而，如果某人问我，为什么老鼠活得更长，而我不会回以普雷斯特列似的回答，因为我能给予该问题的答案是我相信其为正确的答案——而不是其他人相信为正确的答案。

现在，结果是直接的：当局标准——作为其他人的规范性原则而不是我们自己的——不能作为解释。作为其他人的规范性原则，我们并不相信他们是正确的。对why—问题的回答必须至少被回答的人相信是正确的。

（3）具体一些，假定有一个人暗中持有下列理性的当局标准。并且他们系统地评价可能性与尼斯贝特和罗斯（Nisbett and Ross，1980）[①] 成

① Nisbett, R. and L. Ross. . *Human Inference: Strategies and Shortcomings in Social Judgment* [M] . Englewood Cliffs, NJ: Prentice Hall. 1980.

为表征性启发法（Representativeness Heuristic）的非精致版本一致。它们的当局规范性原则可形式化如下：[①]

（R）判断 P（类型 e 的事件）$\propto$ 该类型是即将到来的发生过程的类型的表征的程度。

（J）判断一个结果是随机发生过程的非表征，随机发生过程是指它列了一长串特征但是其中没有可能的结果。

（A）判断一个结果继续一个系列的可能性是相称于一个具有这种可能性的系列的可能性。

R、J、A 合起来达成了一个处方治理赌徒错误。

现在，假设波布用农田打赌：骰子下一把是 6 点。并且假定他发现前 30 把扔骰子都没有出现 6 点。我可以给出什么解释来回答问题“为何波布用农田打赌下一把骰子是 6 点（而不是其他少的点）”呢？我不能把规范性规则 R、J、A 的集合作为答案。原因很简单，我不相信该集合是共同正确的。假设我有如下当局标准的信息，即波布（和他的家族）持有的当局标准，我会给出下列回答：波布（或她的家族）持有 R、J 和 A，并且他发现在最后 30 把扔骰子中没有出现 6 点。在这个回答中，规范性原则并没有扮演重要角色。其他人的规范性原则也没有进入关联解释。

我们会发现即使认知上笨拙的波布也暴露出来本着某种目的——从他的视角看，目的让他的行动是可期望的。他的眼光也许弱，但是至少他在做的是演算出进一步他所重视的。针对他的误估结果这个背景，他的行动至少是微弱的理性。他做了一个行动，根据他的眼光，该行动会导致他的目的的实现。不知道是否这种对弱理性的展示不是对他所做的事情的解释。更一般地说，人们可能会坚持这种对弱理性的展示对于行动解释是重要的。人们会认为最终展示与某种理性的弱标准的一致性就是解释——该弱标准是我们偶尔会持有的。根据这个观点，展示与某种理性标准的一致性——我们已经持有的标准无当局的普遍标准——将是解释的。然而，这些建议并未指出其他人的当局标准的解释角色。反而，它们指出了对其他人的当局标准的报告的解释角色，并且坚持我们的规范性原则的解释角色——特别是那些可能被认为是普遍性的规范性原则。

① 转引自 Henderson，D.. Norms，Normative Principles，and Explanation On Not Getting Is from Ought［J］. *Philosophy of the Social Sciences*，2002（3）：p. 339。

（4）那么，我们的规范性原则能服务于对人们所作的和所想的关联解释吗？这包括一些理性标准，如允许肯定前件方法和否定后件方法，禁止不经证明而断言结论和否认前件，禁止过度使用推理启发法，例如表征性启发法和有效性启发法，避免愿望式的思考，以及追求广泛的反思性平衡。

我们能从一个简单观点出发。认知失当并非少有，人们的信念期望以及行动由认知过程导致，该认知过程并不符合我们的理性规范。我们要警惕诸如这样的错误，如不经证明而断言结论，因为我们认识到这样的错误正试图变得更多更普遍。

当一个行动或认知状态是偏离了我们的规范性原则的认知过程的结果时，这些原则明显与为何该行动者那样行动或者思考的问题是不相关的。例如，通过回答问题为何波布把这么高的可能性指派给6这个案例中，表达我们的与可能性的决定相关的规范性原则的陈述将会是毫无价值的。但是说我们的规范性原则在这样的情况下不能用于解释并不是说它适于做的或想的与这种情况的解释不相关。

如果适于做的或想的与这种情况的解释不相关，那么什么是相关的呢？亨德森认为，行动者的认知倾向的有关信息很重要。[①] 这可能是所有人共享的基本认知机制的有关信息。众所建议，推理的启发法，比如表征性启发法，对于我们所有人是普通的。但是，一些人会学着用一种比别人更严格的方式使用它们。因此，当基本认知机制的有关信息是相关的，同样已知的有关这些机制的变异或详细阐述的有关信息也是相关的。是否某人学会了避免过分信赖一个启发法就能与我们的问题相关呢？在假定情况下，波布没有学会控制他对表征性启发法的使用，以及关于他的认知倾向的这个事实是与为何他像他那样判断的可能性是相关的。

这一点在社会层面也存在。当一个听众被不经证明而断言结论的情况所打动时，他们不应如此被打动与解释他们因此将共享的信念是不相关的。他们的什么新信念是解释的，什么就是他们共享的以及相互加深的认知趋向。一个社群中的信念和行动的模式可以根据认知取向的模式来解释。认知取向以非常重要的方式形成和协调一致。因此，关于社会规范的

---

① Henderson, D.. Norms, Normative Principles, and Explanation On Not Getting Is from Ought [J]. *Philosophy of the Social Sciences*, 2002 (3): p. 341.

报告，在协调一致和相互加深立场的意义上，像个体持有的规范性原则一样，能在关联解释中具有重要作用。① 即：有这样的规范，能相关于为何个体具有他们做的认知倾向，为何行动模式被展示出来，为何某种信念如它们所是的那样被分配，等等。

综合前述考虑，并非所有的情况下，推理都符合我们的规范性原则去确定普遍意义上的行动或信念是关联解释的。不管这种大量的认知过程是否符合我们的规范性原则，个体的认知倾向的报告对于为什么个体持有某种信念或者做某个行动都能是关联解释的。不管这种大量的认知过程是否符合我们的规范性原则，相关群体的部分人中一致的倾向于评价性立场的报告对于为什么该群体展示了某种行动模式或信念模式的解释也是关联解释的。一个可接受的行动解释或信念解释将会指出状态或事件的特征，在这种状态或事件中，话题事件或者认知状态的发生是从属的——特征，如果它们没有实现，话题现象也不会发生（或者至少只有很小的概率会发生）。相关行动者的认知倾向就是这些特征。在社群中对立场的一致倾向可以说是这些特征在社会层面的相似物。不管大量产生的过程是否符合我们的规范性原则，看起来重要的是行动者（们）具有对这些过程的倾向。

（5）现在我们来到一个关键点：不管该产生过程是否符合我们的规范性原则，关于行动者倾向于某个过程的信息使我们的规范性原则与解释相关性相隔开了。任何给定的行动 A 或思想 T 的出现都是由于行动者 S 具有某种认知取向。S 的一些倾向倾向于好的推理方式（比如符合我们的最好的规范性原则）而有些倾向却不是如此。我们已经考察了这种情况，在此情况下，其推理过程并不符合我们的规范性原则。因此，我们现在假定考虑这样的情况，即其推理过程产生的倾向和过程符合我们的规范性原则。行动者具有倾向于某种推理方式的倾向确定是解释相关的。但是假定行动者拥有这些倾向，那么就不存在与我们的规范性原则相一致的东西需要解释了。

如果这个行动者不具有这些倾向，那么我们的规范性原则也不会是相关的——如前所看到的。但是，假定该行动者具有那些规范性原则，那么我们的规范性原则将作为不相关的而被隔开。因此，是否行动者的倾向与

---

① Henderson, D.. Norms, Normative Principles, and Explanation On Not Getting Is from Ought [J]. *Philosophy of the Social Sciences*, 2002 (3): p. 342.

我们的规范性原则一致既不是在这里也不是在那里相关于为何 S 做了 A 或想到 T。行动 A 和思想 T 并非恰当地依赖于其推理过程与我们的规范性原则的一致性（或者依赖于其推理过程的规范性原则）。规范性原则被认知过程的规范性原则的报告或认知倾向的报告（或者社会层面认知倾向的类似物的报告）所屏蔽隔离。因此，这种规范性原则的表达似乎最终不相关于 why—问题。

（6）最后，我们必须再次考虑一下本节的观点：是否展示弱理性是解释的。回忆波布展示出来的弱理性在寻求他重视的是什么以这样的方式达到它是误算。对于这样的建议能做什么回应呢？

能服务于关联解释的是关于一个特征或状态的报告，该特征或状态下，待解释的事件或状态是从属的。我已经主张，这样的依赖开启了一类相关的认知系统（class）的倾向。在人类中，一些倾向可以是非常当局的——只是由那些受制于某些影响的人才具有。另一方面，某些基本倾向无疑是共同性质。理解人类用于解释行动的心理反应了这些问题（matter）的一种（不完美的）适当性。现在假定，看起来很可能，人们在某些有限的方面是弱理性的。关键问题变为：对于这些有限理性的展示是否是关联解释的呢，或者展示一种推理形式是否是关联解释的呢？本节发展的一般论证已经包含了一种答案的基础。即使当认知转换是规范上适当的，相关倾向的拥有也会使得这种过程的规范性属性不是解释的。假说该人没有相关倾向，那么他或他们将不会如解释的那样想或行动。

三、总结

经过上述分析，我们知道里斯约德误读了戴维森，因此引出了（3′）这样的与（1）、（2）矛盾的论点。并且进一步的，如果可以区分对规范的描述和对规范的认可的话（即区分规范的描述和评价功能），（3′）也是没有充分理由的。

另外通过具体的分析，我们最终认为规范性原则不是关联解释的，规范性原则不能作为对 why—问题的回答。如果他们是其他人的规范性原则而不是我们自己的规范性原则，则我们不能把他们作为对 why—问题的回答给出，因为我们并不相信他们是正确的。人们持有他们的报告可以作为 why—问题的答案而给出，但是这是另一个问题。因为人们持有规范性原则的报告不是规范性的。最后，我们自己的规范性原则也不能视作对相关

why—问题的回答。因为即使一个行动或状态的引起是由于符合这些原则的过程，关于行动者的认知倾向的信息也会将话题现象与任何对该过程的正确性的依赖隔离开。话题结果是依赖于行动者的认知倾向——并且因此不是依赖于该过程的正确性。（无论如何，很难想象哪种类型的依赖曾经被考虑作为规范性原则和话题事件或状态之间的支持。）再次，人们支持一个规范性原则的报告——他们的认知倾向和倾向于评价性立场的报告——可以服务于关联解释。

第二节　规范的描述与不变性概括

上面我们已经反驳了里斯约德对戴维森的分析，但是仍然有一个有趣的现象，里斯约德和亨德森对规范与解释的立场完全不同，但是两人却不约而同地支持关联模型作为社会科学解释的典型形式。里斯约德反对意向性解释是因果解释，但是却认为关联模型既包括因果解释，也包括意向性解释，还能清楚地区分意向性解释不同于因果解释的特征。而亨德森则反对规范进入解释，认为社会科学解释就是因果解释，但是规范的描述可以是解释的，这同样可以通过关联模型来展示。一个模型如果同时容纳两个对立的立场，它将没有什么实际的意义。关联模型是科学哲学中范·弗拉森的语用解释模型的运用，我们记得萨尔蒙和凯切尔等人曾经对语用模型有过类似的批评①：语用模型不能成功区分出究竟是什么使得科学解释不同于非科学解释，它没有对相关关系作出恰当的限制，因此，亨普尔覆盖律解释遭遇到的困难，语用模型也同样会面临。

从科学哲学的这些讨论我们知道，关联模型之所以对两个对立立场都适用，一种可能是没有对相关关系作出恰当的语义限制，另一种可能是两者对规范以及意向性解释、因果解释的概念理解得不同。对于前一种可能，我们所反对的里斯约德没有意识到这一点，但是对我们的辩护有利的亨德森却正在做这样的努力。而后一种情况也确实存在，在下面亨德森的论述中显示了这一点。

---

① Salmon, W. C.. Four Decades of Scientific Explanation [D]. in Kitcher, P., Salmon W. C.. (eds.). *Scientific Explanation* [A], 1989, pp. 141, 146.

亨德森在2005年的文章“Norms, Invariance and Explanatory Relevance”（《规范、不变性和解释相关》）中利用伍德沃德[①]（P. Woodward, 2000; 2001）最近对解释中具有某种不变性的概括的作用的论述，试图对相关关系作具体的分析。其中，最关注的是规范的描述在解释中的地位。他的论证步骤是这样的：

一、什么是规范？

首先，他给出了规范的定义。依他所见，规范是对行动调整模式和所在群体的评价的倾向（dispositions to coordinated patterns of action and evaluation within some group of people）。刻画一个人具有如此这般的规范就是刻画一种在“适当环境”中展示的行动模式，以及说一个群体的成员具有与这种模式一致的倾向并且根据它的一致性评价行动（或者行动者）。[②]（Henderson, 2005）比如，在美国南部曾经有一个规范，要求非裔男人不能盯着白种女人看。这就是说，许多非裔男人不会盯着白种女人看（至少不是公然的），而且他们的行为被这个一致性所指导，不服从的话会受到惩罚，等等。

亨德森运用规范时特别强调规范虽然作评价，但是并不有助于评价行动的客观正确性，也不会指出什么是正确的，而且还和维特根斯坦、温奇等人所说的规则区分开，因为他们所谈的规则包含上述意思。

然后，亨德森认为解释是语言学的，它由句子构成，因此他所定义的规范没有资格作为why—问题的答案。有可能为回答问题服务的就是规范的描述。相应的，规范的描述是概括，而且是关于群体对行动和评价姿态的相匹配的倾向的概括。因此，规范的描述是否能够在关联解释中起作用，就是考虑规范的描述这样的概括在关联解释中的位置，具体地说，就是规范的描述是否能作为解释中的相关关系。于是，引出了哪类概括是解释的讨论。

---

① Woodward, P.. Law and Explanation in Biology: Invariance is the Kind of Stability that Matters [J]. Philosophy of Science, 2001 (68). Woodward, P.. Explanation and Invariance in the Special Sciences [J]. *British Journal for the Philosophy of Science*, 2000 (51)

② Henderson, D.. Norms, Invariance and Explanatory Relevance [J]. *Philosophy of the Social Science*, 2005 (3). p. 331.

二、不变概括怎样是解释的，即怎样服务于对 why—问题的回答？

这里，亨德森借用的是伍德沃德关于解释的概念以及不变性概括的概念。

伍德沃德认为，某些句子是解释的，这是因为：（1）在问题的语境中有一个解释所寻求的可识别的 why—问题；（2）该问题刻画了一个语境中可理解的相关关系；（3）该句子可确定相关关系提供什么给 why—问题的主题。因此，研究解释的概括就是研究相关关系。这类概括不仅能用于联结关于初始条件的信息去表明被解释项是被预料的，而且它能有助于理解被解释项变量怎样由于解释项变量的不同赋值而不同。关键的是，这类概括允许将被解释项放入反事实模式中。

这类概括就是不变性概括，它们不一定是合规律的。不变概括描述两个或者更多变量之间的关系，如果一定范围下，在干扰下其他变量都变化而该概括描述的关系继续保持稳定或者不变，那么描述该关系的概括就是不变的，这个范围就是不变量的范围[①]。

由亨德森的论述可知，他同意伍德沃德对解释的看法，即解释是对 why—问题的回答，同时相关关系要支持反事实概括，从而保证解释项导致主题，而不是对照类中其他成员。反事实支持是亨德森希望赋予关联模型的语义补充。在这里，语义补充的具体表现落在了他对概括的不变性的关注上。

三、规范的描述作为具有不变性的解释概括

借助伍德沃德的论述，亨德森下一步的工作就是论证规范的描述可以作为不变性概括进入解释。

根据他对规范的定义，这样的规范在某些可能干扰的范围内是不变的（或极大可能性是不变的），从形式上看，符合伍德沃德对不变性概括的分析。但是亨德森的这种不变性来自于社会群体对其成员的认同，类似于冯·赖特所谓的规范压力。比如上面列举的非裔美国男子不可盯着白种女人看，一

① Woodward, P.. Explanation and Invariance in the Special Sciences [J]. *British Journal for the Philosophy of Science*, 2000 (51), p. 205.

般情况下，受这样的压力，非裔男子都会遵循规范。隐藏在这样的概括背后的是不同于自然必然性的规范压力，而伍德沃德的不变性概括是否蕴涵了自然必然性呢？若是有这个规定，那么亨德森的论证就还没有完。

另外，伍德沃德支持在解释中起作用的是不变性概括而不是规律，我们还需进一步考虑，他为什么要放弃规律，他所说的规律是什么含义？和我们得出的规律 q 是同样的含义吗？如果不是，那么他所指的不变性概括是不是就和规律 q 是相容的？这都是我们下面要讨论的问题。

四、几点澄清

首先，伍德沃德眼中的规律还是传统的规律观：它们是无例外的概括，必须只包含定性的谓词，支持反事实条件①。而他所分析的不变性概括是原则上通过实验控制得到的，对本体论上的因果关系的认识。因此，和规律 q 具有相似的地位。

其次，伍德沃德强调解释关系是原则上能够用于操作和控制的关系，它们分辨当解释项变量变化或者运作时，被解释项变量怎样变化②。原则上意味着这种操作实际上不一定能实现，而是在假定操作能实现的情况下，假定的解释关系是能正确地描述什么会发生。这意味着亨德森要同意规范的描述是原则上通过实验可展示的，这将社会科学中普遍存在的“自然实验”排除在外。

最后，伍德沃德仍然认为解释在本体论上是因果的，而他的工作正是解决相应的认识论问题。解决的途径是强调不变性是可由实验控制得到的，因此关注的是普遍的或者可重复的被解释项。那么，亨德森关注的是特定行动与群体行动模式的匹配，毫无疑问，伍德沃德承认自然必然性，而且按照戴维森的解读，这种必然性和人类自由意志是不冲突的，亨德森是否也如此看待呢？若是，那么戴维森认为对行动者遵循共同体规范的认识需要在整体的诠释中理解，而不是可控实验，不变性并不是从这里获得；若不是，亨德森就得说明如何从规范过渡到本体论上的因果关系，从而获得规范的描述，这涉及是与应该的古老论题。

---

① Woodward, P.. Explanation and Invariance in the Special Sciences [J]. *British Journal for the Philosophy of Science*, 2000 (51): pp. 197 – 198.

② Ibid..

综上所述，亨德森虽然迈出了对相关关系进行语义分析的步伐，但是仍存在一定的问题。针对他的三步策略，出现问题在于亨德森没能成功地将伍德沃德的不变性概括观转换到社会科学解释中来，我们尝试进行修正。

第三节　修正的社会科学关联解释模型

一、争论背景分析

到底规范在社会科学解释中的地位是怎样的？这对意向性解释是不是因果解释的讨论会导致什么观点呢？我们不妨将亨德森和里斯约德关于规范和社会科学解释的主张作一简单的对比见（表 5.1）。

表 5.1　亨德森和里斯约德关于规范和社会科学解释的主张比较

	里斯约德	亨德森
对规范在社会科学解释中的地位	必要	无
规范的描述在联结意向和行动中描述的是什么关系	规范性	因果（本体论） 不变性（认识论）
规范的定义	价值或评价关系	行动调整模式和群体评价的倾向
意向性解释的特征	对 why—问题的回答、规范性	对 why—问题的回答、由语句构成的、因果的

将上述对比置于下面的背景分析我们会更清楚地在发现亨德森和里斯约德的分歧。一般地，意向性解释是如下形式（见图 5.1）。

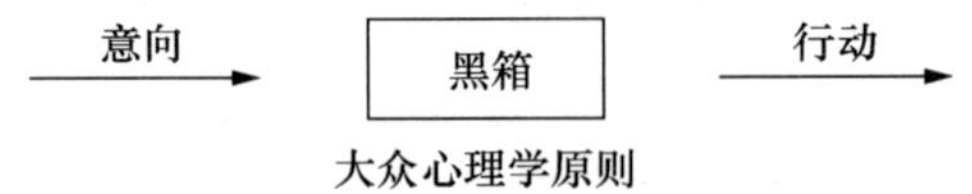

图 5.1　意向性解释形式

但是如果同意戴维森的变异一元论，那么意向作为行动的主要理由对行动者为什么这样作解释就必须诉诸因果关系，这种因果关系是特定事件或状态本身之间的关系，属于本体层面。而在认识层面，戴维森没有说意向和行动之间由何种概括来例示因果关系，他的变异一元论只是从反面说这里不存在严格的心理物理规律或者严格的心理学规律，这种开放的状态给亨德森和里斯约德的不同解读留下了空间。我们根据戴维森的分析，将意向性解释形式表达为如下形式（见图5.2）。

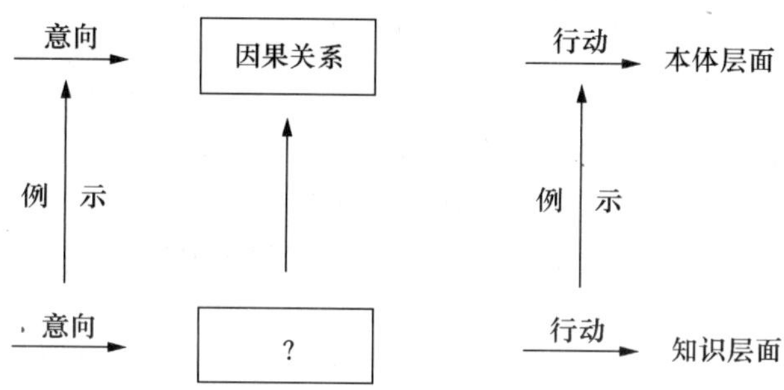

图5.2　意向性解释形式（戴维森的分析）

基于戴维森的认识，因果解释可以有两种理解：一种是只要求本体论层面解释项和被解释项之间是因果相关；另一种还要求在知识表达层面，解释项和被解释项之间也是因果式似律关系。亨德森取后一种理解，因此意向性解释就是因果的；里斯约德取前一理解，并且认为要使得意向解释行动，就是要阐明该意向的规范地位，而且只有阐明了这种规范性关系，意向才有资格作为行动的主要理由，进入意向性解释。从前面的分析中，我们知道里斯约德误读了戴维森，而亨德森在赋予语义分析时，借用的理论又显得不够合适。因此，对戴维森的进一步推进关键在于讨论知识层面规范在意向性解释中的地位。

二、规范的描述与意向性解释

首先，我们明确一下解释是什么？基于后实证主义的平台，解释被认为是一种活动，而不仅仅是语言的句法—语义逻辑分析。因此，关联模型如果加上具体的语义分析，就可以反映解释的上述新特征。我们倾向于接受这种解释分析的思路。再下来要界定社会科学解释是什么？根据第一章的分析，社会科学是一种活动，处于库恩所说的前范式和范式之间，其旨趣至少有两个：一个是用因果术语来解释事件的旨趣，另一个是根据文化规范和主观意向对行为意义理解的旨趣。如此看来，社会科学解释的特征分析中也应考虑到这两个旨趣。在我们的考察范围内，在认识论层面，我们假定律则解释是诉诸于因果式似律关系的解释，而意向性解释的表面形式如图 5.1 和图 5.2 所示，其中意向和行动之间的关系需要澄清。我们在上述假定下，来对此进行分析。

意向性解释首先是一种解释活动，是对 why - 问题的构造与回答。按照范·弗拉森的理解，问题的构造取决于语境，问题的回答也取决于语境，这个语境是言语主体构造出来的，构造的过程体现了解释的动态特征，而一旦问题、语境、解释被构造出来以后，解释就可以以静态出现在我们的面前。我们接受关联模型，因此，意向性解释也符合类似的主张。

但是，在自然科学解释中，语境由时间、地点和研究者的特定性质所构成，并未涉及研究对象；而在社会科学解释中，研究者和研究对象处于互动当中，由此出现两种对语境的看法。一种是将研究对象机械化，将他们的行动类比于神经控制系统或者智能控制系统，如果是这种处理，意向成为行动的神经原因，意向性解释自然和因果解释就是等同的。另一种是将这种互动作为意向性解释的独特性，行动者遵从的规范的描述将进入社会科学解释讨论的范围。我们如果能说明后一种处理的意向性解释也可归入因果解释，那么我们的自然主义立场将得到大大的稳固。

戴维森分析的意向性解释处于静态阶段，因为他只讨论了作为对意向的描述与行动的描述之间的关系与它们例示的意向和行动之间的关系的关联。一个解释首先是构建 why—问题，其间包含着研究者对话主题、对照类和相关关系的确定，相关关系决定解释的内容以及对解释合适度的评价。在这个过程中，规范是否进入了呢？

意向性解释是事后推理，往往是行动做出后，对行动的主要理由或原因进行追溯。按照关联模型的要求，主题是真的，而对照类其他的成员是假的，对于这一条件，意向性解释是满足的。相关关系自然是解释项中的意向成为行动的原因的依据。

我们再次看看 Illongot 人猎杀人头的例子。在这个解释中，主题是 Illongot 的某个年轻人 A 猎杀了一个陌生人的人头，解释项是 A 想要获得心上人的芳心，并且在 Illongot 社会，年轻人要获得心上人的芳心就要到她家帮忙干活，并且忍受心上人的父亲和兄弟的侮辱。当人受侮辱时会希望反抗，如果要进行反抗就必须有成人的标志——红羽毛耳环，而要获得这样的耳环就得去猎杀人头。在这个解释项中，“A 想要获得心上人的芳心”是真的陈述，后面是对规范的描述，也就是说在这个解释中，同时包含事实陈述和规范陈述，由它们推出一个事实陈述。这里“推出”关系正是相关关系，它例示的是事件本身之间的因果关系，这保证了意向性解释是某种因果解释。但是和我们所定义的认识论层面的律则解释有所不同，最大的区别是包含了规范的描述。

规范本身没有真假，那么规范的描述有没有真假呢？我们说有，行动者的行动能根据规范作解释在于行动者都是理性的，具有遵循规范的倾向。而解释者之于行动者的规范无须一定要认可或遵循，他可以认为遵循那些规范是非理性的，但是不影响他描述出规范的能力。当规范的描述例示规范时，规范的描述是真的，当规范的描述没有识别规范时，我们说这是一个假的陈述。因此规范的描述进入关联模型中也是符合其充分条件的，亨德森在这一点上并没有错。

三、对关联模型中相关关系的修正

剩下的问题就是怎样对意向性解释关联模型中的相关关系进行限定。我们重新回到本章开头，关联解释的两个充分条件：

（1）解释描述的因素被主题所具有，而对照类其他成员没有。

（2）解释描述的因素被行动者作为充分的理由去选择（做）主题而不是其他对照类成员。

解释的相关关系也就是要满足这两个条件，条件中“充分的理由”含义模糊，因此给各种回答留有余地，我试图给出一个具体的限制。按照图 5.2，相关关系例示了因果关系，那么“充分的理由”第一个限制就是：

（3）解释描述的因素与主题例示了某种因果关系，这因果关系是解释项中的前提事件或状态本身与主题事件或状态本身之间的关系。

根据本书，我们可以表明当说诠释者遵循行动者的动机和行动之间的规范性关系既不是对 why—问题的回答也不是其预设。话题和预设是真或者假，而遵循没有真假。但是，行动者作出对行动的合适性或理性的承诺，给定动机，并且行动者是共同体的一部分，赋予信念和前态度以作为行动理由的规范地位却是很重要的。行动的解释预设了这种规范性的描述。因此，尽管规范的描述和遵循规范不算对意向性行动 why—问题的回答，但是不可夸大地下结论说规范的描述在解释中没有任何地位。相反，这些规范的描述的正是回答意向性行动 why—问题的必要条件。

另外，第一章我们讨论温奇的规则观时知道，在意向性解释中，光有规范推不出行动，光识别意向有时也不会得到合适的解释，但是它们却是意向性解释的必要条件。同时，似律陈述是事实陈述，而行动之为行动是因为其意义，规范的描述给意向成为主要理由的地位，所以意向性解释即使找到意向和行动之间的因果式似律关联，也要在评价其合适性时寻求规范。因此，规范的描述是意向性解释的必要条件。所以，我们可以描述出意向性解释中相关关系的逻辑特征。

（4）解释项中意向的描述和规范的描述是意向性解释的必要条件。

在第二章的讨论中，我们认同社会科学可以被认为是一种多重范式的科学。既然如此，对“充分的”评判也意味着不同的范式可能提供不同角度的理由。在第五章第一节的讨论中，我们又知道行动者的认知倾向服务于关联解释。那么，基于对人类认知研究的局限性，则必会出现一种行动或现象的多个解释方案。而由于社会科学研究对象的意向性特征，社会科学解释包含在对被解释项意义的理解，故而社会科学解释给出了新信息。这样对于两个社会科学解释方案的区分我们似乎还可以从皮亚杰的图式理论获得某些启发。

从语言的使用现状来看，由于社会科学受到自然科学的影响之大，衡量社会科学研究是否“科学”和“有效”的一个约定俗成的标准便是研究结果是否可以从样本推论到总体，这样的推论依据正是规律式的原则。然而图式理论却提供了另外一种看待知识的方式。

皮亚杰的图式理论最初主要是用来解释儿童的认知发展阶段，但后来也被用来解释成人获得“知识”的方式。“图式”指的是人的认知结构，与人的知觉、意识以及外部的环境有关。在这个理论中，皮亚杰使用了四个重要的概念：同化、顺应、整合和分化。“同化”指的是个体把新的知识纳入自己已有认知结构中的过程；“顺应”指的是个体原有的认知结构已不能同化新的知识，因而自身产生变化，促进调整原有认知结构或创立新的认知结构的过程；“整合”指的是一个特定的认知结构可以容纳更多知识的能力；“分化”指的是一个特定的认知结构具有细分出更多的下属分支的功能。“同化”和“顺应”是个体认识新鲜事物的两种功能，它们相互作用，使个体的认知结构不断达到更高层次的“整合”和“分化”，从而使个体的认知结构得到不断的扩展、丰富和创新。[①]

同样对同一个现象或行动的两个解释方案，我们也可以从它们的“同化”和“顺应”功能进行比较。即从两方面来比较，“同化”方面，从解释描述的因素与主题的相关关系的代表性来看；“顺应”方面，通过解释描述的因素与主题的相关关系的实效性来看。前者，是从社会科学的“科学性”角度进行比较；后者，是从社会科学的“社会性”角度进行比较。因而，我们得出对充分性的第五个限定条件。

(5) 在比较两个待选择的解释方案时，“同化”和“顺应”功能是需同时考定的条件。

现在我们看根据（1）、（3）、（4）、（5）限定的相关关系（简记为 r_1）比里斯约德给定的（1）、（2）限制的相关关系（简记为 r_2）有哪些优势。

首先，r_1 明确了规范在意向性解释中起作用的是规范的描述，这是 r_2 没有表达出来的。

其次，（3）使得 r_1 更贴合图 5.2 中所表达的意向性解释本体论上的合适性是诉诸于因果相关的。

再次，意向性解释的独特性在（4）中得到充分的体现，它和律则解释的区别由此反映出来。并且弥补了戴维森在图 5.2 中为说明的意向性解释相关的逻辑特征。

最后，（5）将社会科学的“科学性”与“社会性”体现在了社会科学解释中。

根据 r_1 我们来分析几个案例，展示修正后的关联模型强大的包容力。

我们先来看本书提到的第一个例子：一个男子把妻子杀了，但是法官在认定他有罪的情况下，却给出很轻的判罚。法官的理由是：进化心理学和其他原理表明人类行为受控于我们的基因构成和进化史。许多物种（包括人类）中的雄性生来具有攻击性和对配偶的控制欲。因此，丈夫只是做了天生而来的事。社会的法律和道德惯例必须服从这些生物学力。因此，这个男子不应该被重罚。

根据关联模型，如果相关关系为 r_2，那么法官的解释是否是充分的很

① 转引自陈向明《质的研究方法与社会科学研究》，教育科学出版社 2000 年版，第 419 页。

难评判。但是如果相关关系为 r_1，那么法官的解释无法同时满足（1）、（4），因为，如果法官是对的，那么法官解释的就不是这个男子的行动而是行为，这是一个律则解释。但是在法官的解释描述中，男子是有罪的，根据什么说是有罪呢？一定得诉诸规范的描述，这是律则解释不能解决的。因此，法官的解释是不合适的社会科学解释。

我们再转移到文中出现的另外一个例子：一个原始人，意外地在他自己腿上造成了一处刀伤。他试图用清洗小刀来治愈他的伤口，可是伤口本身并没有被包扎。按冯·赖特的主张，对这个原始人的行动作出解释，单单提出原始人的意向就可以：即那个人想治愈他的伤口，并相信清洗他的刀是达到这个目的的手段。然而解释陈述的意向和行动之间的联系并不完全清晰，我们却仍不能理解那个行为。这很容易被我们修正后的关联模型展示出来，陈述了意向只是意向性解释的必要条件而不是充分条件，故而解释是不充分的，不能被我们理解。

四、修正的关联模型也可以包含理性选择解释

理性选择理论认为意向性解释就是因果解释，用理性假设取代了大众心理学原则。

我们先回到"x 相信，在环境 c 下要实现 d 就必须做 a"这个意向性陈述。若是光从语言分析上看，这是一个二阶命题，形如"x 相信 that p"。其中 p 为命题内容，若是改变了 p 中的名词、形容词或谓词，整个意向性命题的真值就可能发生变化。比如，电影《超人》中，女主角雷恩（Lois Lane）相信超人是勇敢的，我们可以表达为"雷恩相信超人是勇敢的"（B），这是真的。而超人实际上就是肯特（Clark Kent），但是若是用"肯特"替换 B 中的"超人"，B 就会是假的。这样的替换如果发生在命题"超人是勇敢的"中，则其真值不变。故而有人认为意向性陈述具有这样的特征，此种陈述若用同一的名词、形容词或谓词进行替换，可能导致其真值发生变化。（但诸如"A 承诺/保证 that p"之类的非意向性陈述也具有类似的特征，所以这样的特征不可用来定义意向性陈述）

意向性陈述的真值在于 x 是否真的具有 p 所述的心理状态，这牵涉一个古老是问题——他心问题，即一个人或一组人怎样知道在另外一个人或一组人的心中想的是什么？这包含两层解释：一层是在识别行为中，另一层在把行动者的主观意愿归于行动中。就像传统的提法一样，这个问题

是：我们每个人都有一种在我们关于其他人的认识中被否定的自我认识。通过以他人行为为起点的推理，我们理解他人的思想、情感和愿望以及他人言行的意义，这些推理穿越一个分水岭，把这个分水岭说成是位于物质和心智之间或人的内在方面和外在方面之间，是合乎自然规律的。不像一般的归纳推理，在某些情况下，不存在检验结论的独立方法以对他人有一个可靠的保证。但是一旦“x 相信，在环境 c 下要实现 d 就必须做 a”等同于“在环境 c 下要实现 d 就必须做 a”，［P］就会成为因果解释。理性选择理论就采用这种思路。

理性选择解释事实上是意向性解释的子集。理性选择解释参考个人的主观信念和偏好来解释个人行为的原因，而不是参考个人面对的客观条件，所以某人可能合理地行动，尽管依靠的是有关什么是达到她的目标或期望的最佳手段的错误的信念。但是，就某人被称为理性人而言，她被期望在可能的边界内搜集足以使她的信念得到证实的信息。因此，理想状态下，理性人能够利用完全信息排列其偏好，从而确定地知道他们行动的后果。然而现实生活中，人们不可能获得对现实生活的完全信息，在不完全信息内有不确定性与风险的区别，而且理性选择理论倾向于把受制于不确定性的选择看作是受制于风险的选择。面对风险，人们可能把各种或然性归因于各种不同的结果，而面对不确定性他们不能够做到这一点。理性选择理论家把重点放在风险方面，这里有两个原因：或者因为他们认为，不确定性的情况不存在，或者因为他们认为，如果他们确实存在，理性选择理论家可能也无助于解释人们行动的原因。面对风险，理性选择理论假定，人们可能为每一次行动计算预期效用或期望值。要理解预期效用的意义，对每一个结果 X_i，某人必须将效用 U_i 乘以带有它将发生的或然性 P_i。期望效用因此代表这些乘法之和：

$$\sum_{i=1}^{i=m} U_i P_i$$（i 代表可能的结果的个数）

显然，如果其中发生不确定性，P_i 将是不可计算的，期望效用同样会是无法确定的。也就是说，理性选择理论将选择权视为可算计的，理性选择解释旨在说明行动和特定的选择权合理地一致，它为行动者的行动作辩护，同时提供了自然科学解释中所缺乏的一种可理解性，而理性选择解释提供的这种可理解性启动了意向和行动之间的可算计的确定性，因此理性选择解释最终是因果的，它是相容主义的一种表现。

我们不难看到理性选择理论对社会科学家的吸引力。

其一，总体上看，理性选择理论对现实的假定，仍然类似于物理学对真空状态的假定，它的最大长处就是逻辑清晰、操作性强，排除了很多“不确定”因素，特别是比较便于通过建立模型进行数理分析，在进行宏观比较分析和确定宏观社会现象之间的函数关系时，这一理论更加凸显出它的优势。[①]

其二，理性选择理论的一些先决条件在坚持该理论的共同体内是有共识的，而且硕果累累。它不但已对比较精致的经济学研究作出贡献，而且逐渐在社会与政治科学中得到广泛的承认，比如，安东尼·唐斯的《民主的经济学理论》把理性选择理论应用于政治现象；曼库尔·奥尔森（Olson，M.）的《集体行动的逻辑》用同样的观点以理解集体行动；加里·贝克尔（Becker，G. S.）的《人类行为的经济学研究》将理性选择理论发扬为“经济学帝国主义”，他将之用于分析政治和法律、犯罪与惩罚以及婚姻和家庭等范围广泛的非经济行为；詹姆斯·科尔曼（Coleman，J.）的《社会理论的基础》是从理性选择理论的视角出发提出新的社会行动理论，旨在超越在社会的宏观和微观层次的传统对立。

其三，理性选择理论特别关注两种类型的消极的、未预期的后果或“社会各种矛盾”：与目的相反和未达最佳效果。与目的相反是指“合成谬误”：当人们按错误的假定——在特定环境里对任何一个人都是最佳的、必定同时对在这种环境中全部个人是最佳的选择——而行动，这种谬误就发生了。[②] 比如，以岳阳洞庭湖围湖造田为例，每个农民围湖造田，意在获得更多的耕地，这导致洞庭湖面积骤然缩小，并且失去了御洪能力，最终导致洪水泛滥，农民拥有的耕地比开始时更少了。未达最佳效果指的是，面对相互依存选择的个人选择特定的策略，他意识到其他个人也将做同样的事情，并且也意识到要是任何人采纳其他策略，所得大致相同。博弈论中的囚犯困境是涉及两人的未达最佳效果的明显例子。这两类结果都是反直观的。

其四，理性选择理论燃起了这种希望，即统一的社会科学是可行的。两个世纪以来，社会学家与经济学家一直在说不同的语言。理性选择理论

① 李培林：《理性选择理论面临的挑战及其出路》，《社会学研究》2001 年版第 6 期。

② ［英］贝尔特：《二十世纪的社会理论》，瞿铁鹏译，上海译文出版社 2002 年版，第 201 页。

为跨学科的重新沟通留出了余地。[①] 构成贝克尔的那个著作的信念是，把经济学与其他学科区分开来的不是它的课题，而是它的研究方式。这种研究方式可以适用于经济的和非经济的行为，因此他倡导经济学研究“为理解所有人类行为提供了有价值的统一的框架”[②]。而且，如果理性选择理论所提供的可理解性启动了联结意向与行动之间的一种因果规律的运作，那么最终在人类行动解释和自然科学解释之间就不会有根本性的差别。

但正因为其强大的吸引力，理性选择理论也最容易受到指责，最容易显露它简化社会生活的重大缺陷。尽管理性选择论者在很多案例研究中做出很多理论的修正或增加了许多理性选择的约束条件，以便增强对复杂社会生活的解释力，但在更经常使用的数理分析中，迫于分析工具的限制，又不得不舍去复杂社会生活的种种“不确定性”。这是理性选择论者的局限之一。理性选择理论的局限之二是源于它强大的解释力大多是事后解释。理性选择理论家确实经常依赖于事后的推论使他们的理论免受潜在的证伪。例如，众所周知的“选举悖论”。考虑到选举要花时间并且每一张选票不可能是决定性的，理性选择理论预期人们不会勉力去投票。但是相当多的人确实去投票了。理性选择理论家不是把这看作是一种证伪，而是倾向于把这种反直观的现象也塑造为合理性的叙述。他们表明，人们之所以投票选举为他们提供了心理的满足，他们从表达对政治制度的效忠或从对潜在成功的事业作出贡献而得到心理的满足，这不是早期理性选择理论家如唐斯所解释的原因。[③] 简言之，理性选择理论依赖于经验上不被确证的事后假定，并可提供对相互矛盾现象的解释，因此，理性选择解释得不到经验确证。

另外，早期理性选择理论家将理性简化为单一的“经济理性”，但是人类行动远比传统经济理论中的利益最大化的行为假设更为复杂。帕累托曾提出人类社会存在着“非逻辑行为”，这些行为涉及价值观、信仰和感情领域，也就是说人们有时会本能和机械地遵从于某种习惯，在现实生活

① ［英］贝尔特：《二十世纪的社会理论》，瞿铁鹏译，上海译文出版社 2002 年版，第 215 页。

② 同上。

③ 同上书，第 217 页。

中逻辑行为与非逻辑行为几乎是混杂在一起的。诺思把诸如“利他主义、意识形态和自愿负担及约束等其他非经济理性行为引入个人预期效用函数，从而建立了更加复杂的、更接近于现实的人类行为模型”①。这个模型表明，人们往往要在财富与非财富之间进行权衡与选择，在这两者之间寻找均衡点。因此，理性主义只能应用在有限的行为分析之中。

其实，韦伯早就运用“理想类型”分析方法将人类的社会行动区分为四种类型：第一种是工具理性行动，行动者通过理性计算，选择手段与目标。第二种是价值理性行动。价值理性行动也会理性地选择行动，但是目的则由既定的价值体系事先决定。第三种是情感行动，行动由行动者的感情或情绪状态决定。第四种则是传统行动。行动由习俗或惯例决定。韦伯认为这四种行动类型不是截然分开、互不相干的。相反，它们之间互相渗透交叉。韦伯较为关注工具理性行动与价值理性行动，但是他并没有将所有社会行动都视为理性行动。可见，虽然在现代生活中理性行动占有重要的位置，但是用理性主义的行为观研究所有人类行为显然是不合适的。

有鉴于此，M. 泰勒提出了“狭义理性选择”概念，试图细化理性选择概念。泰勒认为只有在下列条件下运用理性选择理论才是有效的：行动者所作的选择是有限的，既不是多到无从选择，也不是少到无可选择；选择的诱因是清楚和实质性的；行动者的选择对个人非常重要；以前有人曾在类似情境下作出类似选择，有前车之鉴。② 这样的细化和约束也表明了，理性选择理论并非完美无缺，也不可能解释所有的社会行为，理性假设的有效范围是有限的。

不但如此，要符合泰勒上述条件，实际上是很难的。这是因为：

首先，理性选择理论探讨关于行动与结果的关系的信念，这必然依赖嵌入社会文化的观念，故而制度文化对个人偏好和目的的影响是存在的，但是理性选择理论力求的是清楚和易算计，要把制度文化的影响数量化是及其困难的。

其次，根据韦伯关于因果适当与意义适当是社会科学解释的必要条件

① 转引自丘海雄、张应祥《理性选择理论述评》，《中山大学学报》（社会科学版）1998年第1期。

② 同上。

的观点，当且仅当所提出的解释得到观察到的规则性支持，因果适当才被满足，而且，当且仅当所提出的解释使观察到的规则性成为可理解的，意义的适当才被满足。[①] 而且不可否认，意义的适当是社会科学解释必不可少的，要解释，确实是要使观察到的现象成为可理解的。而正是在这一点上，理性选择理论达不到要求，不管他们在因果适当方面得分多高，由于他们不想致力于解释观察到的模式是怎样产生的，所以，理性选择理论在意义适当方面是薄弱的。于是，我们会发现一旦理性选择理论者讨论他们的研究结果的时候，他们往往求助于意向性及相关的概念（诸如知识和预见）。例如，贝克尔表明，人们不健康的生活方式，不是出于对其后果的无知，而是因为对他们来说，其他事情比最大限度地延长他们的寿命更为重要。“如果长寿是唯一的目标”，那么嗜好抽烟和勤奋工作就不会是明智之举，“但是只要其他目标存在，他们就可能是精明的，而且在这一点上是‘明智的’”。[②] 以这种方式，没有办法区分行动者偏好的变化与非理性，实践推理面临的事后必然性依然没有得到解决，因此，理性选择理论并不比大众心理学原则更好地解释和预测特定行动者的选择的细节。

总而言之，理性选择解释是意向性解释的一个子集。理性选择解释参考个人的主观信念和偏好来解释个人行动的原因，而不是参考个人面对的客观条件，所以某人可能合理地行动，尽管依靠的是有关什么是达到她的目标或期望的最佳手段的错误的信念，这是修正的关联模型所允许的。同时，理性选择理论预设了认识理性行动者，也就是说研究对象被期望在可能的边界内收集足以使她的信念得到证实的信息。因此，理性选择理论将选择权视为可算计的，他们旨在解释行动和特定的选择权合理地一致，它为行动者的行动作辩护，同时提供了自然科学解释中所缺乏的一种可理解性，而理性选择解释提供的这种可理解性启动了意向和行动之间的可算计的确定性，因此理性选择解释最终是因果的。无论是最终的因果诉求，还是可理解性的要求，修正的关联模型都能一一包容。因此，理性选择解释在社会科学中的有效运用也预示着修正的关联模型的强大解释效力。

---

① ［英］贝尔特：《二十世纪的社会理论》，瞿铁鹏译，上海译文出版社 2002 年版，第 221 页。

② 同上书，第 222 页。

五、小结

本章首先分析了里斯约德对戴维森的反驳，指出他实际上误解了戴维森对意向和行动关系的看法。然后，考察了亨德森对规范的描述在解释中的地位的论证，在仔细分析他的论证策略和他欲借用的伍德沃德关于不变性概括的主张后，得出结论：亨德森正确地认为规范本身是不进入解释的，而规范的描述却进入解释，但是亨德森在论述规范的描述的解释地位时借助的不变性概括理论是不匹配的，因此，亨德森的目标没有实现。我们试图继续这一目标，通过剖析戴维森的解释观，比较里斯约德和亨德森在规范的解释角色上的不同观点，首先确定在本体论层面意向性解释就是因果解释，接下来，探讨认识论层面规范在意向性解释中的地位。在确定社会科学解释的概念中，我们仍然认可关联模型，于是在此基础上寻求相关关系的语义分析。最终，我们拟定了关联模型的相关关系限制，并从几个典型案例分析中，展现了修正的关联模型的合适性和有效性。

【文献综述】

里斯约德（M. Risjord）对规范在社会科学解释中地位的分析主要在这样两篇文章中：(1)“*Norms and Explanation in the Social Sciences*”载于*Studies in History and Philosophy of Science*［1998（2）］；(2)“*Reasons, Causes, and Action Explanation*”［载于*Philosophy of the Social Science*, 2005（3）］。这两篇文章都主张用关联模型作为社会科学解释的逻辑形式，在后一篇文章中，里斯约德认为规范能扮演解释的角色，困难出现在提供合适的逻辑论证说明规范怎样在意向性解释中作用的。同时作为规范的描述，只能是分析的，因此规范逻辑上蕴涵对规范的特殊例示。但是逻辑蕴涵没有为因果解释提供充分条件，故规范不能是任何因果解释的合适部分。他认为从戴维森处可得出两个主张：一是意向和行动之间具有规范性关系；二是因果解释不可是分析的。然而这两点都被戴维森所否认，这方面的文献主要来自戴维森2001年的论文集Essays on Actions and Events (2nd)。

在2005年第3期的Philosophy of the Social Science中，实际是以规范、理由与行动之间的关系为主题的专辑，其中亨德森反对里斯约德对规范以及意向性解释的看法，主张解释是语言的，所以要讨论的是规范的描述是否能进入解释，地位如何，里斯约德没有分清解释的含义，所以会得出意向性解释不是因果解释的结论。亨德森在该专辑的的文章“*Norms, Invariance and Explanatory Relevance*”（《规范、不变性和解释相关》）中利用伍德沃德（Woodward，2000，2001）最近对解释中具有某种不变性的概括的作用的论述，试图对规范的描述在解释中的地位作出解答。在其中，他同样提倡用关联模型分析社会科学解释的问题，他比里斯约德更进了一步，通过不变性概括试图对关联模型的相关关系作语义的分析。

作为评价亨德森的论证的文献来自 P. 伍德沃德于 2000 年在 *British Journal for the Philosophy of Science* 上发表的文章“*Explanation and invariance* in the Special Sciences”以及 2001 年载于 *Philosophy of Science* 的 Law and Explanation in Biology: Invariance is the Kind of Stability That。

启发本书对关联模型提出修正条件的文章来自：P. A. 罗思（Roth）的“*Three Grades of Normative Involvement: Risjord, Stueber, and Henderson on Norms and Explanation*”（在 2005 年第 3 期的 *Philosophy of the Social Science*）

关于社会科学的解释模型，本书已有三个参考模型：一个是理性选择理论的解释模型（Jon Elster，（2001），Rational Choice and The Explanation of Social Action［A］. in Delanty, G. and Strydom，P.（eds.）*Philosophies of Social Science: The Classic And Contemporary Readings*, Open University Press, 2003.）；另一个是 Bunge 的机制解释模型（How does it Work? The Search for Explanatory Mechanisms［J］. *Philosophy of the Social Sciences*, 2004（2））；第三个是关联模型 Risjord（Risjord, M. Reasons, Causes, and Action Explanation［J］. *Philosophies of Social Science*, 2005（3））。本书试图在批判地分析这三个模型的基础上提出新方案，使之在消解反自然主义的反驳理由、融合部分反自然主义的合理性因素、容纳解释和诠释的互动方面更加有效。

受到启发的文献主要有：T. 琼斯（Jones）的 How Norms, Customs, Conventions, and the Like Explain Behavior［J］. *Philosophy of the Social Science*, 2006（3）；R. 诺斯科特（Northcott）的 Weighted Explanations in History［J］. *Philosophy of the Social Science*, 2008（1）；S. P. 特纳（Turner）的 Explaining Normativity［J］. *Philosophy of the Social Science*, 2007（1）.

结语：反思与展望

社会科学解释问题的研究是一个艰难的课题。由于意向性因素的加入，原本在自然科学解释中焦灼的有关规律和因果关系的问题在此变得更加复杂，并且还需要考察新的问题：规范、规范性关系、理由在社会科学解释中的地位。所有这些问题又不是孤立的，它们相互交织，构成一张繁复的巨网。本书正是在这样一张让人头痛又让人痴迷的巨网中寻找突破。下面就本书的研究作一总结性反思和前瞻性展望。

如开篇所言，我们相信本书拟定“社会科学解释研究——规律/规范、原因/理由与社会科学解释”作为社会科学哲学基础性问题的恰当性，以这一问题统摄本书各个核心主题的合理性，以及分析各核心主题对辩护自然主义社会科学解释观的有效性问题。现在本书研究已告一段落，我们的自信是否经得起检验？我们的目标是否基本达成？我们先就这些问题进行反思和总结。

首先，以“社会科学解释研究——规律/规范、原因/理由与社会科学解释”作为社会科学哲学基础性问题是否恰当？我们知道，社会科学哲学晚起于自然科学哲学，而且自它出现起就惹来百般非议。究其根源，在于人：人既作为社会工作者，又是社会中的一员，是社会的参与者。人不同于机械实体，他是理性的，具有道德情感、自由意志，他的加入使得社会现象格外复杂，社会工作者也因研究社会行为是否该摒弃或避开讨论人的意向、情感而倒戈相向，各抒己见。如何把握众多观点也随之变得复杂。最朴素的想法就是能否借助相对成熟的自然科学哲学于纷繁中找出头绪。自然科学知识的获取是从寻找规律，获得对自然现象的解释开始，异于自然科学的社会科学的知识的获取是否也是从寻找规律并诉诸于解释呢？正是对这个问题的不同回答引发了自然主义、反自然主义和多元论的争论。这场争论首先需要辨明社会科学、社会科学规律、社会科学解释的概念，这就需要澄清有关科学、规律和解释的立场，对这些立场的讨论是科学哲学的中心问题。此外，关于社会科学之为“社会的”体现在何处，也是这场争论必须辨明的。这关涉到自由意志与决定论、意向性问题、规范性问题、社会科学主题的本体论地位等社会科学哲学的基本问题。具体到争论的各方，本书认为，其中的焦点是：信念、期望与行动之间的关系到底是怎样的？联系它们的是因果关系还是规范性关系？对它们的解释是不是覆盖律解释或者因果解释？回答这些问题，自然主义者试图避开直接讨论人类的自由意志问题去提出对人类社会行为的合理解释，也就是说，他们承认社会科学中存在规律，获取社会科学知识也一样从寻找规律开始。故而他们坚持信念、期望与行动之间是规律或因果关系，通过信念和期望对行动的解释是因果解释，因为能解释行动的信念和期望是行动的原因。而反自然主义者坚决反对社会科学中存在规律，认为人类行动不是原因导致的必然结果，价值与意义在社会科学中是不可或缺的，由此产生的社会科学的复杂性和独特性，使得社会科学关于社会现象的研究方法不同于自然科学研究自然现象所采用的方法，应该使用“诠释学”方法，即在“理解”的基础上探求对象意义的方法，而诠释根本无须规律，但是诠释项与被诠释项之间依然存在某种联系，这种联系通常用“规则”或“约定”来表征。多元论者则认为社会科学中是存在规律的，但是它们在功能和范围上与自然科学规律可能截然不同。因此，社会科学研究采用的方法既要保证某种程度的客观性，又要充分考虑意向性带来的价值、情感等问题，对意向性行动的理解既需要诠释也需要解释。可见，规律与规范、原因与理由是诠释与解释之争的核心，这两个对子既是社会科学解释研究的缩影，又可由它们开始展开对社会科学的本质、社会科学规律存在、因果性与规范性、意向性与社会科学解释等社会科学重要问题的讨论。所以，拟定“社会科学解释研究——规律/规范、原因/理由与社会科学解释”作为社会科学哲学基础性问题是恰当的。

其次，以“规律/规范、原因/理由与社会科学解释”这一视角统摄本书各个核心主题是否合理？如本书导言所说，本书试图维护自然主义的社会科学解释立场，论证由三个部分构成。第一部分主要是对社会科学有一个基本定位，也就是讨论社会科学的本质特征是什么。在分析中，我们发现自然主义和反自然主义的主要碰撞点在方法论层面，而解释和诠释作为争论双方各自拥护的方法论立场。规律和因果关系是解释立场的关键，诠释立场的关键则是规范和意义，诠释中对行动的理解在于给出使得行动有意义的理由。因此，选定规律与规范、原因与理由统摄社会科学的本质特征的分析是合理的。

本书论证的第二部分旨在澄清亨普尔将覆盖律解释思想运用到社会科学解释中的策略及其困难，找寻其真正的不足之处。在亨普尔的覆盖律模型中，规律具有极其重要的地位，故社会科学规律的存在以及社会科学解释的逻辑结构成为亨普尔论证的主线。然而覆盖律解释模型却遭到了来自科学哲学内部以及反自然主义的多方责难。在亨普尔采取正反两方面策略维护其覆盖律解释模型在社会科学解释中的运用中，必不可少地涉及对规律与规范、原因与理由的澄清，因为有关这两对对子与社会科学解释的关系的问题正处于亨普尔的论证主线上。

本书论证的第三部分围绕信念、期望与行动之间的解释关系，试图维护社会科学规律存在的观点，并且尝试给出一种新的社会科学解释模型。通过分析罗伯茨和金凯德关于社会科学中是否存在规律的争论，我们一方面认可金凯德对社会科学规律 CP 形式的分析；另一方面，指出还有一个问题需要进一步挖掘，那就是要说明意向性不会阻碍社会科学规律的存在。意向性是否会使得意向与行动之间的关系不再是因果关系，而是某种规范关系呢？对此问题的讨论引出意向性解释是否是因果解释的讨论。这个讨论中，理由与原因的关系、规范在解释中的地位成为焦点。这再次表明本书选题的合理性。

综上所述，我们可以说以“规律/规范、原因/理由与社会科学解释”这一视角统摄本书各个核心主题是合理的。

再次，以“规律/规范、原因/理由与社会科学解释”为主线，分析各核心主题对辩护自然主义社会科学解释观是否有效？基于上述两点背景以及在对各个主题的具体分析中，我们认为这样论证是有效的。由于我们的论证起点是亨普尔的覆盖律解释观，因此，规律和规范这个对子在自然主义和反自然主义的争论中极其突出。为维护自然主义的社会科学解释立场，本书首先澄清了争论的平台不能基于逻辑经验主义的科学观之上。然后，一方面，试图为存在社会科学规律作辩护：另一方面，要考察规范在社会科学解释中的地位。在进行这两方面的论证当中，本书关注的是信念、期望与行动的关系。按日常理解，信念和期望为行动者给出了如此行动的理由，但是，要维护自然主义立场，就不会满足于此。若是能说明社会科学解释中信念、期望和行动之间是因果关系或者似律关系，那么我们的目标才会达到。因此原因和理由成为我们维护自然主义社会科学解释观的另一个重要的对子。基于这两个对子，我们考察了自然主义和反自然主义对社会科学规律的存在问题的争论，从中引出关于意向性在社会科学解释中的影响的讨论。最后我们结合戴维森对心理因果的辩护，对信念、期望和行动之间的因果相关作了肯定的回答，并且探讨了规律的 CP 形式特征，尝试地给出了社会科学规律的基本特征，并在探讨规范在社会科学解释中的地位时，在亨德森的关联模型主张的基础上修正了相关关系的语义条件，初步形成了一个新的社会科学解释模型。

本书为存在社会科学规律所作的辩护是基于对国际上最新资料的分析，在他们的不足上进行的深入探讨，因此，相比于前人的辩护更有效。另外，本书借助于戴维森的“主要理由即原因”论证为意向与行动之间的解释相关是因果关系作辩护，站在这位哲学大家的肩膀上使得本书的论证更加有力。最后，如第五章所示，本书提出的修正的社会科学解释关联模型相比于亨德森和里斯约德的关联模型更加有效，而纵观整个社会科学解释领域，据笔者所知，国内外还未见有人提出完整的社会科学解释模型。亨德森属于现代自然主义战场的得力干将，本书能在他的基础上提出比他的模型更有效的修正模型，从这个角度讲，我们可以说我们以“规律/规范、原因/理由与社会科学解释”为主线，辩护自然主义社会科学解释观是有效的、有说服力的。

然而，我们的所得往往是下一步探索的起点，本书中的不足也导引着更深入的研究空间。我们认为可以在下面几个方面进一步拓展：

第一，对社会科学规律之特征的进一步挖掘。我们认为本书在借用戴维森的心理因果论证时，由于本书的目的只在于为社会科学规律的存在可能性作辩护，因此，没有对戴维森与金在权、福多等人关于心理—物理规律的争论作进一步的讨论。但是如果要进一步建立完整的自然主义社会科学解释模型，就必须深入探讨社会科学规律的特征，也就必须正面回应心理—物理规律是否存在。在这个过程中若还想借助戴维森的有关论证，金在权和福多等人对戴维森心理因果的批判就必须讨论。而且，戴维森、金在权和福多等人在这方面的争论还是当代心灵哲学和科学哲学还原问题的难点和热点。其中随附性的哲学内涵、随附性与心理—物理规律、随附性与心理因果等问题在我们试图描绘社会科学规律的特征时，都是关键的问题。对这些问题的澄清与回答一方面有可能在心灵哲学和科学哲学的相应课题中得到突破，另一方面也是推进本书研究的工作——对社会科学规律之特征的进一步挖掘——的要求之一。在本书的分析中，社会科学规律还有一个重要的特征，那就是 CP 形式。关于 CP 形式蕴涵的意义，本书有一些讨论，但多是针对反自然主义的反驳作的辩护性分析，对社会科学规律的特征的研究则要求进一步的从正面进行阐述，尤其是意向性对 CP 规律的影响的讨论。所有这些，都将是我们继续探讨的部分。

第二，进一步完善自然主义的社会科学解释模型。我们在书中维护自然主义立场，初步提出了一个新的社会科学解释模型，这在社会科学解释研究中还有延伸的空间。比如，进一步对新模型进行分析，展现规范的描述和规律分别在模型中如何作用，研究者以及被研究者的影响如何在解释中体现，解释与诠释是什么关系，解释与社会科学理论的关系又是怎样的，等等。另外，在文中我们关注的主要是对个体行动的解释，群体层面的解释讨论极少，比如功能解释、结构解释等。我们所提出的新模型是否与这些解释相容？若是相容，是否可以重新建立一个统一的解释模型？若是不相容，怎样不相容？科学哲学家邦格（M. Bunge）也维护自然主义的社会科学解释观，他提出的是机制解释模型（1996a、1996b、1997、1998、1999、2000、2004 等）[①]，这种主张在最近几年受到社会科学哲学同行的重视，并且引起了广泛的讨论（如 Stinchcombe，1991；Glennan，1996；Hedström，1996；Elster，1998；Machamer，2000；Tilly，2001，2004；Mayntz，2004；Pickel，2004；Sadovnikov，2004；Steel，2004；Wight，

---

① Bunge, M.. *Finding Philosophy in Social Science* [M]. New Haven, CT: Yale University Press, 1996a.

—— The Seven Pillars of Popper's Social Philosophy [J]. *Philosophy of the Social Sciences*, 1996b (4): 528 - 557.

—— Mechanism and Explanation [J]. *Philosophy of the Social Sciences*, 1997 (4): 410 - 465.

—— *Social Science under Debate* [M]. Toronto, Canada: University of Toronto Press, 1998.

—— *The Sociology - Philosophy Connection* [M]. New Brunswick, NJ: Transaction Publishers, 1999.

—— How does it Work? The Search for Explanatory Mechanisms [J]. *Philosophy of the Social* Sciences, 2004 (2): 182 - 210.

—— Ten Modes of Individualism—None of Which Works—And Their Alternatives [J]. *Philosophy of the Social Sciences*, 2000 (3): 384 - 406.

2004 等)①，那么这种模型与关联模型的比较也将是建立自然主义社会科学解释观的有益研究。还有巴斯卡的先验实在论继承的是马克思主义的传统，他自称批判的自然主义。我们知道马克思主义在社会科学哲学以及社会科学理论争论中也是极有影响的一派，那么这种批判的自然主义与我们构建的自然主义社会科学解释观是否有相互促进作用也是可以再考察的方面。进一步说，有的学者将社会科学解释分为群体层面的解释和个体层面的解释，比如金凯德就着重论述群体层面的规律以及解释，而不考虑个体行动的解释，这与个体主义与整体主义的对抗有关，这种对抗也是当代社会科学理论的核心，我们可以问：个体主义与整体主义的对抗有没有消解的可能？将社会科学解释区分为个体层面的解释与群体层面的解释是否合理？自然主义的社会科学解释模型在不同层面是否是不一样的？对上述问题的讨论将会更加完善地维护自然主义社会科学解释研究立场。这将是本书的延伸工作。

---

① 参见下列文献：

Elster, J.. Aplea for Mechanisms [A]. in Hedström, P., Swedberg R. *Social Mechanisms: An Analytical Approach to Social Theory*, Cambridge: Cambridge University Press, 1998: 45 - 73.

Glennan, S. S. Mechanisms and the Nature of Causation [J]. Erkenntnis, 1996 (44): 49 - 71.

Hedström, P.. Social Mechanisms [J]. Acta Sociologica, 1996 (39): 281 - 308.

Machamer, P,. Darden, L., Craver, C. F.. Thinking about Mechanisms [J]. *Philosophy of Science*, 2000 (67): 1 - 25.

Mayntz, R.. Mechanisms in the Analysis of Social Macro - Phenomena [J]. *Philosophy of the Social Sciences*, 2004 (2): 237 - 259.

Pickel, A.. Systems and Mechanisms: A Symposium on Mario Bunge's Philosophy of Social Science [J]. *Philosophy of the Social Sciences* 2004 (2): 169 - 181.

Sadovnikov, S. Systemism, Social Laws, and the Limits of Social Theory: Themes Out of Mario Bunge's The Sociology - Philosophy Connection [J]. *Philosophy of the Social Sciences* 2004 (4): 536 - 587.

Steel, D.. Social Mechanisms and Causal Inference [J]. *Philosophy of the Social Sciences* 2004 (1): 55 - 78.

Stinchcombe, A.. The Conditions of Fruitfulness of Theorizing about Mechanisms in the Social Sciences [J]. Philosophy of the Social Sciences, 1991 (3): 367 - 388.

Tilly Charles. Mechanisms in Political Processes [J]. *Annual Review of Political Science*, 2001 (4): 21 - 41.

—— Social Boundary Mechanisms [J]. *Philosophy of the Social Sciences*, 2004 (2): 211 - 236.

Wight, C.. Theorizing the Mechanisms of Conceptual and Semiotic Space [J]. *Philosophy of the Social Sciences*, 2004 (2): 283 - 299.

第三，将自然科学解释与社会科学解释作进一步的比较研究。在本书的分析中，我们发现无论自然主义还是反自然主义，在讨论社会科学解释问题时都会与自然科学解释观点进行比较，其间还涉及对科学的本质、科学规律等基本问题的探讨。可见社会科学解释研究与自然科学解释研究是密切联系的。自然我们要问：我们所研究的新的社会科学解释观与自然科学解释观比较有何异同？而且在 21 世纪，随着认知科学的蓬勃发展，也给社会科学哲学提供了新的讨论空间，加上分析哲学、诠释学的新近发展，给关于社会科学解释的讨论注入了新的谈话方式，也使我们在这些新的视野下，重新追问社会科学方法论与自然科学方法论之间是怎样的关系。这也会是本课题的拓展工作。

第四，社会科学解释研究对哲学方法论等研究可能有的贡献。社会科学解释研究主要是从方法论的层面来谈，而在本书中已展现了诠释和解释两种方法具有融合的趋势。这种融合反映着人文科学方法和自然科学方法的有效结合，自然主义社会科学解释研究将为这种结合的可能性和有效性提供理论支持。这也可能是本书的一种延伸。

参 考 文 献*

1. Bhaskar, R.. *The Possibillity of Naturalism* (3rd) [M]. New York: Routledge, 1998.

2. Bunnin, N.、TSUI－JAMES, E. P.、燕宏远、韩民青主编：《当代英美哲学概论》，社会科学文献出版社 2002 年版。

3. Davidson, D.. *Essays on Actions and Events* (2nd) [A]. New York: Oxford University Press, 2001.

—— Action, Reason and Causes (1963), pp. 3－19.

—— Causal Relations (1967), pp. 149－162.

—— Mental Events (1970), pp. 207－228.

—— Agency (1971), pp. 43－61.

—— Psychology as Philosophy (1971), pp. 229－244.

4. Davidson, D.. Thinking Causes [A]. in Heil, J., Mele, A.. *Mental Causation.* New York: Oxford University Press, 1995: 3－17.

5. Fay, B., Moon, J. D.. What Would an Adequate Philosophy of Social Science Look Like? [A]. 1977. in Klemke E. D. *Introductory Readings in the Philosophy of Science*, 1998: 154－170.

6. Fetzer, J. H.. *Philosophy of Science* [M]. New York: Paragon House, 1993.

7. Hands, D.. Wade. *Reflection without Rules*, *Economic metheodology and Contemporary Science Theory* [M]. UK: Cambridge University Press, 2001.

8. Hempel, C. G.. *Aspects of Scientific Explanation and Other Essays in the Philosophy of Science* [A]. New York: The Free Press, 1965.

* 上述参考文献并非所有与本书直接相关，部分是间接相关，唯恐其中有些观点对本书有所启发而错漏，所以一一列出。对本书写作具有核心贡献的文献，可参考文献综述中的相关说明。

—— Studies in the Logic of Explanation (1948), pp. 245 – 290.

—— Aspects of Scientific Explanation (1965), pp. 331 – 496.

—— The Function of General Laws in History (1942), pp. 231 – 244.

9. Hempel, C. G.. The Philosophy of Carl, G. Hempel: *Studies in Science, Explanation, And rationality* [A], J. H. Fetzer ed., New York: Oxford University Press, 2001.

—— Deductive – Nomological versus Statistical Explanation (1962), 87 – 145.

—— Logical Positivism and the Social Sciences (1963), pp. 253 – 275.

—— Explanation in Science and in History (1962), pp. 276 – 296.

—— Reasons and Covering Laws in Historical Explanation (1963), pp. 297 – 310.

—— Rational Action (1962), pp. 311 – 326.

10. Henderson, D.. *Interpretation and Explanation in the Human Sciences* [M]. Albany: State University of New York, 1993.

11. Henderson, D.. Simulation Theory vs. Simulation Theory: A Difference Without a Difference in Explanation [J]. *Southern Journal of Philosophy* 1996 (34).

12. Henderson, D.. Norms, Normative Principles, and Explanation [J]. *Philosophy of the Social Sciences*, 2002 (3).

13. Henderson, D.. *Norms, Invariance and Explanatory Relevance* [J]. *Philosophy of the Social Science*, 2005 (3).

14. Hitchcock, C.. Contemporary Debates in Philosophy of Science [A]. UK: Blackwell Publishing Ltd., 2004.

15. Humphreys, P.. *The Chances of Explanation* [M]. Princeton: Princeton University Press, 1989.

16. Lewis, D.. Causal Explanation [A]. in Lewis, D.. *Philosophical Papers*, Vol. 2. Oxford: Oxford University Press, 1986: 214 – 240.

17. Lipton, P.. Inference to the Best Explanation [M]. London: Routledge, 1991.

18. Kim Jaegon. Making Sense of Emergence [J]. *Philosophical Studies*, 1999 (95).

19. Kim Jaegon. Psychophysical Laws [A]. in Lepore E., McLaughlin B.. *Actions and Events: Perspectives on the Philosophy of Donald Davidson.* Oxford, UK: Basil Blackwell, 1985: 369 - 386.

20. Kincaid, H.. There are laws of the Social Sciences [A]. in Hitchcock C.. *Contemporary Debates in Philosophy of Science*, 2004: 168 - 186.

21. Kincaid, H.. *Philosophical Foundations of the Social Sciences: Analyzing Controversies in Social Research* [M]. New York: Cambridge University Press, 1996.

22. Kincaid, H.. Defending Laws in the Social Sciences [A]. 1990. in Martin, M, McIntyre, L. C. (eds.). *Readings in the Philosophy of Social Science*, 1994: 111 - 130.

23. Kitcher, P., Salmon, W. C.. (eds.). *Scientific Explanation* [A]. Duluth: University of Minnesota Press, 1989.

24. Kitcher, P.. The Unification Model of Scientific Explanation [A]. in Klee, R. *Scientific Inquiry: Readings in the Philosophy of Science.* New York: Oxford University Press, 1999: 181 - 189.

25. Klemke, E. D.. *Introductory Readings in the Philosophy of Science* [A]. Amherst, N. Y.: Prometheus Books, 1998.

26. Kuhn, T.. The Natural and the Human Science [A]. 1989. in Klemke, E. D.. *Introductory Readings in the Philosophy of Science*, 1998: 128 - 134.

27. Machlup, F.. Are the Social Sciences Really Inferior [A]. 1961. in Klemke, E. D.. *Introductory Readings in the Philosophy of Science*, 1998: 135 - 153.

28. Martin, M., McIntyre L. C. (eds.). *Readings in the Philosophy of Social Science* [A]. London: the MIT Press, 1994.

29. Martin, M.. Taylor on Interpretation and the Science of Man [A]. 1994. in Martin, M., McIntyre, L. C. (eds.). *Readings in the Philosophy of Social Science*, 1994: 259 - 280.

30. McIntye, L. C.. Complexity and Social Scientific Laws [A]. 1993. in Martin, M., McIntyre L. C. (eds.). *Readings in the Philosophy of Social Science*, 1994: 130 - 144.

31. McIntye, L. C.. *Laws and Explanation in the Social Science* [M].

Oxford: Westriew Press, 1996.

32. McIntye, L. C.. Davidson and Social Scientific Laws [J] . *Synthese*, 1999 (120) .

33. Mill, John Stuart. *A System of Logic, Ratiocinative and Inductive: Being a Connected View of the Principles of Evidence and the Methods of Scientific Investigation* [M], 8th ed. New York: Harper & Brothers, 1884.

34. Nagel, E.. *The Structure of Science* [M] . Now York: Harcourt, Brace, and World, 1961.

35. Redman, Deborah, A.. *The Rise of Political Economy as a Science* [M] . Cambridge, MA: MIT Press, 1997.

36. Risjord, M.. Norms and Explanation in the Social Sciences [J] . *Studies in History and Philosophy of Science*, 1998 (2) .

37. Risjord, M.. *Woodcutters and Witchcraft* [M] . Albany: State University of New York Press, 2000.

38. Risjord, M.. Reasons, Causes, and Action Explanation [J] . *Philosophy of the Social Science*, 2005 (3) .

39. Roberts, J. T.. There Are No Laws of the Social Sciences [A] . in Hitchcock, C.. *Contemporary Debates in Philosophy of Science*, 2004: 151-167.

40. Rosenberg, A.. *Philosophy of Social Science* [M] . Oxford: WestviewPress, 1995.

41. Roth, P. A.. Three Grades of Normative Involvement: Risjord, Stueber, and Henderson on Norms and Explanation [J] . *Philosophy of the Social Science*, 2005 (3) .

42. Salmon, M. H.. Philosophy of the Social Sciences [A] . in Salmon, M. H. et al., *Introduction to the Philosophy of Science*. New Jersey: Prentice-Hall, 1992.

43. Salmon, W. C.. *Scientific Explanation and the Causal Structure of the World* [M] . Princeton: Princeton University Press, 1984.

44. Salmon, W. C.. Four Decades of Scientific Explanation [A] . in Kitcher P., Salmon, W. C.. (eds.). *Scientific Explanation*, 1989: 3-219.

45. Salmon, W. C.. *Causality and Explanation* [M] . New York, Ox-

ford: Oxford University Press, 1998.

46. Scriven, M.. Explanation and Prediction in Evolutionary Theory [J]. *Science*. 1959 (130).

47. Smith, R.. *The Norton History of the Human Sciences* [M], New York: Norton, 1997.

48. Taylor, C.. Interpretation and the Science of Man [A]. 1971. in Klemke, E. D.. *Introductory Readings in the Philosophy of Science*, 1998: 110-127.

49. van Fraassen, B. C.. The Pragmatics of Explanation [A]. 1977. in Klemke, E. D.. *Introductory Readings in the Philosophy of Science*, 1998: 264-277.

50. Stueber, K.. How to Think about Rules and Rule Following [J]. *Philosophy of the Social Science*, 2005 (3).

51. Winch, P.. *The Idea of Social Science* (2nd) [M]. London: Routledge, 1990.

52. Woodward, P.. Law and Explanation in Biology: Invariance is the Kind of Stability that Matters [J]. *Philosophy of Science*, 2001 (68).

53. Woodward, P.. Explanation and Invariance in the Special Sciences [J]. *British Journal for the Philosophy of Science*, 2000 (51).

54. [德] 阿佩尔:《哲学的转变》，孙周兴、陆兴华译，上海译文出版社 1997 年版。

55. 波特、罗斯:《剑桥科学史 (第七卷): 现代社会科学》，大象出版社 2008 年版。

56. [美] 贝尔:《当代西方社会科学》，范岱年译，社会科学文献出版社 1988 年版。

57. [英] 贝尔特:《二十世纪的社会理论》，瞿铁鹏译，上海译文出版社 2002 年版。

58. 詹姆斯·博曼:《社会科学的新哲学》，李霞等译，上海人民出版社 2006 年版。

59. 曹志平:《理解与科学解释》，社会科学文献出版社 2005 年版。

60. 曹志平:《论定律解释》，《科学技术与辩证法》2002 年第 2 期。

61. 陈波等:《社会科学方法论》，中国人民大学出版社 1989 年版。

62. 陈向明：《质的研究方法与社会科学研究》，教育科学出版社2000年版。

63. 陈晓平：《归纳逻辑与归纳悖论》，武汉大学出版社1995年版。

64. [美] 戴维森：《真理、意义、行动与事件》，牟博编译，商务印书馆1993年版。

65. [英] 德兰逊：《社会科学：超越建构论和实在论》，张茂元译，吉林人民出版社2005年版。

66. [美] 德雷：《历史哲学》，王炜、尚新建译，生活·读书·新知三联书店1988年版。

67. [法] 迪尔凯姆：《社会学方法的规则》，胡伟译，华夏出版社1999年版。

68. [德] 狄尔泰：《历史中的意义》，艾彦、逸飞译，中国城市出版社2002年版。

69. 冯·赖特：《知识之树》，陈波、胡泽洪、周祯祥译，生活·读书·新知三联书店2003年版。

70. 冯·赖特：《说明和理解》，《哲学译丛》1988年第5期。

71. [美] 范·弗拉森：《科学的形象》，郑祥福译，上海译文出版社2002年版。

72. 韩林合：《分析的形而上学》，商务印书馆2003年版。

73. 荷曼斯：《社会科学的本质》，杨念祖译，（台北）桂冠新知图书公司1991年版。

74. [美] 亨普尔：《自然科学的哲学》，张华夏等译，生活·读书·新知三联书店1987年版。

75. [美] 亨普尔：《普遍规律在历史中的作用》，《哲学译丛》1987年第4期。

76. 洪汉鼎：《理解与解释》，东方出版社2001年版。

77. 洪谦：《逻辑经验主义》，商务印书馆1982年版。

78. [德] 胡塞尔：《欧洲科学危机和超验现象学》，上海译文出版社1988年版。

79. 华勒斯坦等：《开放社会科学：重建社会科学报告书》，生活·读书·新知三联书店1997年版。

80. [英] 吉登斯：《何为社会科学》，《社会科学总论》2002年第

1 期。

81. 江天骥：《科学哲学名著选读》，湖北人民出版社 1988 年版。

82. 江天骥：《西方社会科学的两大传统和发展我国社会科学的途径》，载于中国社会科学杂志社、上海社会科学杂志社：《当代社会科学研究新工具》1989 年版。

83. 景天魁：《现代社会科学基础——定性与定量》，中国社会科学出版社 1994 年版。

84. 金吾伦，王维：《关于人文—社会科学与自然科学相统合的问题》，《理论视野》2001 年第 5 期。

85. 金吾伦：《库恩和泰勒关于自然科学与人文科学之区别的争论》，《哲学动态》1993 年第 10 期。

86. ［美］卡尔纳普：《科学哲学导论》，张华夏等译，中山大学出版社 1987 年版。

87. ［法］柯尔库夫：《新社会学》，钱翰译，社会科学文献出版社 1992 年版。

88. 亚历山大·柯瓦雷：《从封闭世界到无限宇宙》，北京大学出版社 2003 年版。

89. ［美］库恩：《必要的张力》，范岱年、纪树立译，北京大学出版社 2004 年版。

90. ［美］库恩：《科学革命的结构》，金吾伦、胡新和译，北京大学出版社 2003 年版。

91. ［加拿大］库宁汉：《社会科学的困惑：客观性》，肖俊明、施以平译，社会科学文献出版社 1992 年版。

92. ［美］蒯因：《从逻辑的观点看》，江天骥等译，上海译文出版社 1987 年版。

93. ［美］雷克斯·马丁：《历史解释：重演和实践推断》，文津出版社 2005 年版。

94. 李培林：《理性选择理论面临的挑战及其出路》，《社会学研究》2001 年第 6 期。

95. ［德］李凯尔特：《文化科学和自然科学》，涂纪亮译，商务印书馆 2000 年版。

96. 李平：《戴维森的规律观及其方法论底蕴》，《自然辩证法研究》

1999 年第 12 期。

97. 李侠:《简评纽拉特博士的科学主义理论和实践》,《探求》2005 年第 1 期。

98. [美] 鲁尔:《社会科学理论及其发展进步》,郝名玮、章士嵘译,辽宁教育出版社 2004 年版。

99. 陆健体:《关于世界的问答——科学说明》,浙江科学技术出版社 1990 年版。

100. [美] 亚力克斯·罗森堡:《科学哲学当代进阶教程》,上海科技教育出版社 2004 年版。

101. [美] 明克:《当代西方历史哲学述评》,《国外社会科学》1984 年第 12 期。

102. [美] 默顿:《社会研究与社会政策》,林聚任等译,生活·读书·新知三联书店 2001 年版。

103. 牛顿·史密斯:《科学哲学指南》,成素梅、殷杰译,上海科技教育出版社 2006 年版。

104. [奥] 纽拉特:《社会科学基础》,杨富斌译,华夏出版社 2000 年版。

105. [美] 鲁德纳:《社会科学哲学》,生活·读书·新知三联书店 1989 年版。

106. [英] 帕金:《马克斯·韦伯》,刘东、谢维和译,四川人民出版社 1987 年版。

107. 潘德荣、齐学栋:《诠释学的源与流》,《习与探索》1995 年第 1 期。

108. 潘天群:《行动科学方法论导论》,中央编译出版社 1999 年版。

109. 丘海雄,张应祥:《理性选择理论述评》,中山大学学报(社会科学版)1998 年第 1 期。

110. [加] 萨加德:《病因何在:科学家如何解释疾病》,刘学礼译,上海科技教育出版社 2001 年版。

111. 石元康:《历史中的原因、目的与理由》,《鹅湖》1983 年第 100 期。

112. 石元康:《实证论与历史说明》,《史学评论》1983 年第 6 期。

113. [美] 斯梅尔塞:《社会科学的比较方法》,王宏周、张平平译,社会科学文献出版社 1992 年版。

114. ［美］泰勒：《精神科学中的理解与阐释》，www. bigyi. net/discuss/w/wEnd. htm 2005 – 8 – 29。

115. 涂纪亮：《分析哲学及其在美国的发展》，上海社会科学出版社 1984 年版。

116. 王静：《论解释的形式基础和证据基础》，《哲学研究》2005 年第 3 期。

117. 王养冲：《西方近代社会学思想的演进》，华东师范大学出版社 1996 年版。

118. 王巍：《科学哲学问题研究》，清华大学出版社 2004 年版。

119. 王巍：《科学说明和历史解释——论自然科学与人文学科的方法论统一性》，《中国社会科学》2002 年第 5 期。

120. ［德］韦伯：《社会科学方法论》，韩水法译，中央编译出版社 2002 年版。

121. ［德］韦伯:《经济与社会》，林荣远译，商务印书馆 2004 年版。

122. ［奥］维特根斯坦：《哲学研究》，李步楼译，商务印书馆 2002 年版。

123. ［英］温奇：《社会科学的观念及其与哲学的关系》，张庆熊、张缨等译，上海人民出版社 2004 年版。

124. 休谟：《人性论》，商务印书馆 1980 年版。

125. 易江：《亨普尔的“行动归入说明”理论述评》，《自然辩证法研究》1998 年第 7 期。

126. 易江：《W. 德雷的行动合理说明理论评析》，《华南师范大学学报》（社会科学版）1998 年第 3 期。

127. 张华夏：《科学解释标准模型的建立、困难与出路》，《科学技术与辩证法》2002 年第 1 期。

128. 张华夏、张志林：《技术解释研究》，科学出版社 2005 年版。

129. 张华夏、张志林、叶侨健：《科学 · 哲学 · 文化》，中山大学出版社 1996 年版。

130. 张志林：《因果观念与休谟问题》，湖南教育出版社 1998 年版。

131. 张志林、陈少明：《反本质主义与知识问题》，广东人民出版社 1995 年版。

132. 张志林、张华夏：《系统观念与哲学探索：一种系统主义哲学体系的建构与批评》，中山大学出版社 2003 年版。

133. 张志林、张华夏：《科学解释问题》，《第十届全国科学哲学学术会议发言提纲》2001 年版。

134. 张志林：《因果律、自然律与自然科学》，《哲学研究》1996 年第 9 期。

135. 张文杰等：《现代西方历史哲学译文集》，上海译文出版社 1984 年版。

136. 赵一红：《浅论社会科学方法论中的价值中立问题》，《暨南学报》（哲学社会科学版）1999 年第 1 期。

137. 中国社会科学杂志社、上海社会科学杂志社：《当代社会科学研究新工具》，华夏出版社 1989 年版。

138. 朱红文：《人文精神和人文科学——人文科学方法论导论》，中共中央党校出版社 1994 年版。

139. 周晓虹：《西方社会学历史与体系》，上海人民出版社 2002 年版。

后　记

一转眼，窗外木棉花火烈耀眼的橘红来了又去已是第九遭。九年问学之路，我追逐的对象始终是社会科学解释。如今将所思所想集结成书，以求得到同行讨论、指点和批判。

社会科学解释研究是当代科学哲学特别是社会科学哲学领域关注的一个重要课题。这种研究，既为在当代科学哲学背景下重新审视和推进科学解释的研究提供了启示，又可为自然科学方法论和社会科学方法论的有效融合提供新的进路。但是，社会科学解释研究又是一个艰难的课题，撰写过程中，颇能感受周恩来《雨中岚山》所言“人间的万象真理，愈求愈模糊；——模糊中偶然见着一点光明，真愈觉娇妍”的深意。不过，由于自身学识和精力的局限性，书中定有不足或错漏之处，敬请各位同仁批评指正！

九年前，我进入华南师范大学哲学研究所，跟随张志林教授攻读硕士学位，选定社会科学哲学作为研究方向。经张志林、陈晓平、范冬萍、董国安、于奇智等诸位教授的悉心教导，使我接受了科学哲学的基本训练，并有机会进入中山大学攻读博士学位，继续深入研究社会科学哲学中的核心主题——社会科学解释。此时调入中山大学的导师张志林教授对我悉心指点，照顾有加。中山大学哲学系的李平、张华夏、朱菁、翟振明等教授给予了我极大的支持和帮助，使我在学术上得到了进一步的提高。特别值得一提的是，书中关键讨论受到了陈晓平教授的启发，朱菁教授及时对本书的初稿提出了全面而中肯的建议和批评，使得书稿最终得以如期完成。

参加工作后，广东商学院的领导和同事们营造了和谐而又宽松的环境，使我的专业研究得以持续下来。科研处极力为年轻学者寻找学术资源：本书的出版得到了广东商学院学术文库的出版资助。这其中要感谢科研处的陈红丽老师给予的极大帮助，政治与教育学院的诸位同事也给予了大力的支持。

中国社会科学出版社的卢小生编审等同志为本书的付梓付出了辛勤的劳动。

在此，向所有关心和爱护我的人表示衷心的感谢！

袁继红

2008 年 10 月